CONTROLADORIA

para o Exame de Suficiência do CFC

Bacharel em Ciências Contábeis

O livro é a porta que se abre para a realização do homem.
Jair Lot Vieira

Letícia Medeiros da Silva
Cassiane Oliveira Velho

CONTROLADORIA

PARA O
EXAME DE SUFICIÊNCIA
DO CFC
PARA BACHAREL EM CIÊNCIAS CONTÁBEIS

- CONSELHO FEDERAL DE CONTABILIDADE
- Elaborado de acordo com a Resolução nº 1301, de 17 de setembro de 2010, do Conselho Federal de Contabilidade

edipro
concursos

CONTROLADORIA
para o Exame de Suficiência do CFC
Letícia Medeiros da Silva e Cassiane Oliveira Velho

1ª edição 2012

© desta edição: *Edipro Edições Profissionais Ltda.* – *CNPJ nº 47.640.982/0001-40*

Editores:	Jair Lot Vieira e Maíra Lot Vieira Micales
Produção editorial:	Murilo Oliveira de Castro Coelho
Revisão:	Renata K. Fonseca
Arte:	Karina Tenório e Danielle Mariotin

Dados de Catalogação na Fonte (CIP) Internacional
(Câmara Brasileira do Livro, SP, Brasil)

Silva, Letícia Medeiros da e Velho, Cassiane Oliveira
Controladoria : para o exame de suficiência / Letícia Medeiros da Silva e Cassiane Oliveira Velho. -- São Paulo : EDIPRO, 2012. -- (Coleção exame de suficiência do CFC : bacharel em ciências contábeis)

Bibliografia.
ISBN 978-85-7283-785-9

1. Contabilidade I. Título. II. Série.

11-09876   CDD-657

Índices para catálogo sistemático:
1. Contabilidade : Exame de suficiência 657
2. Exame de suficiência : Contabilidade 657

edipro
edições profissionais ltda.
São Paulo: Fone (11) 3107-4788 – Fax (11) 3107-0061
Bauru: Fone (14) 3234-4121 – Fax (14) 3234-4122
www.edipro.com.br

Sumário

Apresentação 7
capítulo 1 **Contextualização**
    1.1. Função da controladoria 14
    1.2. Ambiente 22
    1.3. Função do *controller* 32
    Exercícios de Fixação 34
capítulo 2 **Planejamento e orçamento empresarial**
    2.1. Planejamento estratégico 47
    2.2. Planejamento tático 54
    2.3. Planejamento operacional 55
    2.4. Orçamento 60
        2.4.1. Orçamentos de vendas 65
        2.4.2. Orçamentos de produção 66
        2.4.3. Orçamentos de despesas operacionais e de caixa 67
        2.4.4. Controle orçamentário 69
    Exercícios de Fixação 71
capítulo 3 **Gestão e controladoria**
    3.1. Processo decisório 84
    3.2. Plano estratégico 88
    3.3. Sistema de avaliação de desempenho 89
    3.4. Modelo de gestão 91
        3.4.1. Definição de cultura organizacional 92

3.4.2. Formação da cultura 93
3.4.3. Cultura e clima organizacional 94
3.4.4. Arcabouços e níveis culturais 95
3.4.5. Tipologias de cultura organizacional 96
3.4.6. Função da cultura organizacional 97
3.4.7. Manutenção e disseminação da cultura 98
Exercícios de Fixação 100

capítulo 4 Avaliação de desempenho

4.1. Tipos de indicadores 110
    4.1.1. Categorias de índices financeiros 110
        4.1.1.1. Índice de liquidez 110
        4.1.1.2. Índices de atividade 111
        4.1.1.3. Índices de endividamento 112
        4.1.1.4. Índices de rentabilidade e lucratividade 113

4.2. Administração por centro de responsabilidades 115
    4.2.1. Tipos de centro de responsabilidade 116

4.3. Modelos de avaliação de desempenho 117
    4.3.1. Valor Econômico Adicionado VEA 117
        4.3.1.1. Custo de capital 120
    4.3.2. *Balanced scorecard* 121
        4.3.2.1. BSC e *Tableau de Bord* 122
        4.3.2.2. Integração das medidas do *Balanced Scorecard* à estratégia 125
        4.3.2.3. Perspetivas e objetivos 127
        4.3.2.4. Etapas de implementação do BSC 131
        4.3.2.5. Mapas estratégicos 135
        4.3.2.6. Reflexões sobre o *Balanced Scorecard* 136
Exercícios de Fixação 138

capítulo 5 Sistemas de informações gerenciais

5.1. Ambiente de sistema 157
5.2. Fundamentos de sistemas de informações 158
5.3. Sistemas de informação contábil 158
    5.3.1. Recursos do sistema de informação contábil 159
    5.3.2. Saídas do sistema de informação contábil 160
Exercícios de Fixação 160

Referências 171

Apresentação

Em geral, os temas solicitados no exame de suficiência possuem regramento próprio, baseados em uma lei ou em norma brasileira de contabilidade, de forma que, se a normatização em questão for estudada em sua totalidade e a sua aplicação for bem entendida, poder-se-ia dizer que o tópico já foi concluído, ou seja, o assunto esgotou-se, e, dessa forma, o candidato estará apto à realização do exame.

Isso não acontece com a controladoria, já que não possui legislação e normatização próprias e, além disso, sua bibliografia é bastante diversa e, em determinados pontos, até divergente.

Beuren (2002, p. 21) afirma que "apesar da evolução das atribuições do *controller* nas organizações, a literatura não tem apresentado uma nítida definição de controladoria". A autora afirma que "as diversas abordagens têm seu foco mais voltado às capacidades requeridas para o exercício da função, bem como de suas atribuições nas empresas, do que explicar seu verdadeiro significado".

Assim como, também em sua perspectiva prática, encontram-se diversas formas de utilização da controladoria, desde a sua localização no organograma da empresa até as atribuições específicas do *controller*, cada organização tende a "otimizá-la", adequando às suas estrutura e necessidade próprias.

Nesse sentido, esta obra não tem a intenção de esgotar as teorias e os detalhamentos acerca do tema, mas, sim, reunir e apresentar o que mais se destaca na literatura, a fim de demonstrar os requisitos necessários para que o egresso da graduação em ciências contábeis esteja apto à realização do Exame de Suficiência, isto é, proporcionar ao candidato uma visão completa da controladoria, assim como demonstrar as possibilidades, os tipos e os enfoques de questões que poderão tornar-se alvo de solicitação, tal qual os comentários acerca das respostas.

capítulo · 1

Contextualização

A história da controladoria está ligada ao próprio desenvolvimento das empresas, principalmente após a Revolução Industrial, na qual as organizações passaram de um tipo de fabricação artesanal, manufatureira, para uma produção mecanizada, com utilização de tecnologia, chegando aos dias atuais, na chamada "era da informação", em que gestores precisam de informações corretas e, pode-se dizer, imediatas, para a mais acertada tomada de decisão possível.

As empresas foram modificando-se com a evolução da civilização, e consequentemente da economia e dos mercados, assim como a controladoria necessitou adaptar-se às estruturas e às necessidades das organizações e de seus gestores.

Schmidt e Santos (2006, p. 11) afirmam que quatro fatores podem ser considerados os principais influxionadores da origem da controladoria: 1) o aumento em tamanho e complexidade das organizações; 2) a globalização das empresas; 3) o crescimento nas relações governamentais com negócios das companhias e 4) o aumento no número de fontes de capital.

A alteração da forma de operação das empresas, de produção artesanal para mecanizada, trouxe como consequência o aumento da estrutura dessas organizações, possibilitando a produção em massa. Com o aumento da estrutura, os processos, que eram acompanhados fisicamente pelos proprietários, tornaram-se impossíveis de serem feitos por uma única pessoa.

Tornou-se necessário implantar procedimentos de modo a possibilitar a implantação de processos de controle, tornando a gestão mais complexa. Schmidt e Santos (2006) mencionam que o aumento em tamanho e em complexidade das organizações talvez seja um dos fatores que mais tenha impactado o seu modelo de gestão no final dos século XIX e no início do século XX.

Os autores afirmam que essa nova disciplina surgiu como uma resposta ao processo evolutivo natural das organizações desde o século anterior, fundamentado na nova forma de gestão caracterizada pela delegação de autoridade e de responsabilidade que ocorre atualmente em muitas companhias.

No Brasil, foram muitos os fatores que fizeram da controladoria uma das áreas estratégicas para as empresas e, por consequência, que a disciplina ganhasse expressivo espaço no ambiente acadêmico.

A seguir, apresentamos alguns aspectos que contribuíram para a concretização do tema. Para facilitar o entendimento os dividimos em dois cenários:

1º cenário	2º cenário
Ambiente inflacionário	Estabilidade econômica
Mercado financeiro mais atraente que a atividade produtiva	Atividade produtiva priorizada
A concorrência resumia-se aos que possuíam localização "próxima"	Aumento da competitividade
Não havia acesso facilitado à informação	Globalização. Acesso à informação
Os produtos possuíam ciclos de vida duradouros	Produtos com ciclos de vida curtos
Em geral, o preço de venda era determinado pela própria empresa	Em geral, o preço de venda é determinado pelo mercado, pela concorrência

No primeiro cenário, o país vivia um momento de hiperinflação, chegando a patamares de 80% ao mês, fazendo com que o foco das empresas se desviasse da atividade produtiva para a área financeira, ou seja, a principal receita não advinha propriamente da venda de produtos ou da prestação de serviços, mas da habilidade que a empresa tinha em aplicar seus recursos no mercado financeiro.

Em consequência da hiperinflação, a atividade de planejamento tornou-se extremamente prejudicada, ainda que a empresa utiliza-se de artifícios, dentre os quais a indexação dos valores contábeis ou o uso de alguma constante. Tung (1974) afirma que "com a inflação, a tarefa de planejamento torna-se muito mais árdua". O autor ainda afirma que "mesmo nos planos de curto prazo, as distorções frequentemente causadas pela inflação são enormes. Tratando-se de planos mais longos, tais discrepâncias são muito maiores".

Outro fator determinante nesse primeiro cenário era o fato de não haver uma concorrência global como nos dias atuais. As empresas preocupavam-se apenas com o concorrente "próximo", ou seja, o fator localização era um dos principais critérios de escolha do cliente. Isso se devia ao fato de que os produtos não possuíam diversidade de modelos, cores, funcionalidades e, com isso, os seus ciclos de vida eram significativamente maiores. Nessa época, o acesso à informação era extremamente limitado, por isso o cliente não possuía poder de barganha, ou adquiria o modelo oferecido, pelo preço e pela cor determinados pela empresa, ou ficava sem o produto.

A partir desse conjunto de fatores, pode-se afirmar que o preço de venda era determinado pela própria empresa, diferentemente do cenário 2, em que os fatores são exatamente opostos, pois quem determina o preço dos produtos de uma empresa é o próprio mercado.

No segundo cenário, temos uma situação de estabilidade, na qual o mercado financeiro deixou de ser tão atrativo. Esse fato fez com que as empresas mudassem o foco da área financeira para a produção e, em consequência, para a gestão. A atividade produtiva passou a ser priorizada. A economia mais estável dos dias atuais também permite às empresas um planejamento de médio e longo prazos, o que, anteriormente, não era possível.

A partir da década de 1990, com a abertura dos mercados no Brasil, iniciou-se, efetivamente, o processo de globalização, trazendo a facilidade de acesso à informação. A globalização oportuniza que os negócios não mais tenham fronteiras entre países. Nessa época, houve uma proliferação de multinacionais no país. Esses fatos tornam o cliente mais exigente, pois a concorrência não é mais aquela "próxima", mas localizada em qualquer lugar do mundo, desde que ofereça condições melhores que a empresa local. Com isso os produtos ofertados precisam se tornar cada vez mais atrativos para o consumidor, somados a preços acessíveis.

A variedade de produtos (tamanho, cor, funções adicionais etc.) reduz seu ciclo de vida no mercado. As indústrias lançam novos modelos a todo instante, fazendo com que haja necessidade de melhor organização interna para que tenham condições de trabalhar no lançamento de um novo produto e, ao mesmo tempo, já possuir outro em fase de testes, para a próxima campanha. Todo esse trabalho não pode perder de vista o controle de custos, porque, nesse cenário de competitividade, o preço de venda não é simplesmente determinado pela empresa, como no cenário anterior, mas dado pelo mercado, de acordo com aquele valor que o consumidor está disposto a pagar.

Todos os fatores apresentados nesse segundo cenário (a estabilidade econômica, a possibilidade de planejamento, a globalização, a competitividade, a facilidade de acesso à informação e consumidores mais exigentes) fazem com que as empresas precisem se voltar para a sua estrutura interna, para o seu processo produtivo. Não há como permanecer no mercado sem conhecer exatamente qual a sua estrutura de custos, qual é a eficiência do seu processo produtivo, se há desperdício de tempo ou de materiais, se há uma adequada gestão de riscos, sem saber como avaliar o desempenho de cada área.

Assim, surge a controladoria, para suprir todas essas necessidades de um ambiente corporativo competitivo, aliando-se à necessidade de uma gestão eficaz, acompanhada pela tomada de decisão cada vez mais imediata e com margens de erro cada vez menores.

Afinal, qual é o conceito de controladoria? O que ela significa? A resposta não é simples. Carvalho (1995, p. 14 *apud* Borinelli, 2006, p. 101) menciona que "a literatura pesquisada e a experiência prática verificada nas empresas demonstram, à evidência, que, em meio a algumas concordâncias, remanescem muitas indefinições e contradições acerca do que vem a ser a controladoria [...]"

No entanto, a maioria dos autores brasileiros adota o entendimento de que a controladoria se estabelece a partir de dois prismas: como **ramo do conhecimento** e como **unidade administrativa**.

Mosimann e Fisch (1999, p. 88) afirmam que:

> a controladoria consiste em um corpo de doutrinas e conhecimentos relativos à gestão econômica. Pode ser visualizada sob dois enfoques: a) como um órgão administrativo com missão, funções e princípios norteadores definidos no modelo de gestão do sistema empresa e b) como uma área do conhecimento humano com fundamentos, conceitos, princípios e métodos oriundos de outras ciências.

Os autores afirmam que como órgão administrativo a controladoria tem por finalidade garantir informações adequadas ao processo decisório, colaborando com os gestores em seus esforços de obtenção da eficácia empresarial, além de coordenar os esforços dos gestores das áreas; já como ramo do conhecimento a controladoria pode ser conceituada como o conjunto de princípios, procedimentos e métodos oriundos das ciências administração, economia, psicologia, estatística e, principalmente, da contabilidade, que se ocupa da gestão econômica das empresas, com a finalidade de orientá-las para a eficácia, conferindo-lhe o *status* de ciência.

Nesse mesmo sentido estão Almeida, Parisi e Pereira (2001, p. 344) ao mencionar que:

> para uma correta compreensão do todo, devemos cindi-la em dois vértices: o *primeiro* como *ramo do conhecimento* responsável pelo estabelecimento de toda base conceitual, e o *segundo* como *órgão administrativo* respondendo pela disseminação de conhecimento, modelagem e implantação de sistemas de informações.

Em relação à controladoria como ramo do conhecimento, Borinelli (2006, p. 105) a define como "um conjunto de conhecimentos que se constituem em bases teóricas e conceituais de ordens operacional, econômica, financeira e patrimonial, relativas ao controle do processo de gestão organizacional".

Para o autor, dentre os propósitos da controladoria estão o gerenciamento (processo de gestão); o exercício do controle; a definição de metas; o atendimento da necessidade dos gestores; a gestão econômica; a modelagem de sistema de informação. Borinelli (2006, p. 104) ressalta ainda que, "quando se fala em processo de gestão organizacional, não se pode pensar que tal processo seja meramente interno". De outra forma, significa que, quando se discute processo de gestão, se está levando em conta a gestão da entidade em seus ambientes interno e externo.

1.1. FUNÇÃO DA CONTROLADORIA

Roehl-Anderson e Bragg (2004 apud SCHMIDT E SANTOS, 2006), afirmam que, inicialmente, a equipe de controladoria tinha como principal função o processamento das transações que apoiavam as operações do negócio. Os autores mencionam ainda que isso exigia uma grande equipe burocrática, gerenciada por um pequeno corpo de pessoas treinadas em técnicas para processamento de dados.

Schmidt e Santos (2006) afirmam que essa função burocrática sofreu grandes mudanças nas últimas décadas, especialmente em função dos avanços tecnológicos, da globalização econômica, do avanço no nível de concorrência e de uma nova visão das funções de gerenciamento nas organizações, em que a criação de valor para o negócio passa a ser uma das principais metas organizacionais.

Conforme comentamos anteriormente, o avanço da complexidade dos negócios redefiniu as funções da controladoria, fazendo com que cada empresa estruture-a de acordo com a sua própria necessidade, o que torna praticamente impossível a descrição da totalidade de suas funções. Além disso, os doutrinadores do assunto também possuem entendimentos divergentes quanto às funções da controladoria. Nesse sentido, trazemos as que são as principais.

Mosimann e Fisch (1999, p. 91) afirmam que a controladoria deve esforçar-se para garantir o cumprimento da missão e a continuidade da organização. Os autores ainda mencionam que seu papel fundamental consiste em coordenar os esforços para conseguir um resultado global sinérgico, isto é, superior à soma dos resultados de cada área, ou seja, "otimizar os resultados econômicos da empresa, para garantir sua continuidade, por meio da integração dos esforços das áreas".

Nesse sentido, Almeida, Parisi e Pereira (2001) afirmam que a controladoria, ao contribuir para a integração entre as áreas e, consequentemente, para o cumprimento da missão e continuidade da empresa, terá como filosofia de atuação:

- coordenação de esforços visando à sinergia das ações;
- participação ativa do processo de planejamento;
- interação e apoio às áreas operacionais;
- indução às melhores decisões para a empresa como um todo;
- credibilidade, persuasão e motivação.

Os autores mencionam que, para atingir seus objetivos, a controladoria desempenhará as seguintes funções:

- **Subsidiar o processo de gestão:** suporte à estruturação e efetivo apoio às fases do processo de gestão (planejamento, execução e controle), auxiliando na adequação da empresa ao ambiente que a rodeia. A controladoria suprirá os gestores das diversas áreas, com instrumentos gerenciais que forneçam informações sobre desempenhos e resultados econômicos. É inerente a esta função monitorar o processo de elaboração e consolidação do orçamento, das diversas áreas de responsabilidade.
- **Apoiar a avaliação de desempenho:** na avaliação de desempenho dos gestores e das áreas de responsabilidade, a controladoria elaborará: I) a análise de desempenho econômico das áreas; II) a análise de desempenhos dos gestores; III) a análise de desempenho econômico da empresa e IV) além de avaliar o desempenho da própria empresa. A controladoria também auxiliará no monitoramento e na orientação para o estabelecimento de padrões para a avaliação de resultado.
- **Gerir os sistemas de informações:** A controladoria definirá a base de dados que permite a organização das informações necessárias à gestão.

- **Atender aos agentes de mercado:** a controladoria analisará e mensurará o impacto das legislações no resultado econômico da empresa, além de atender aos diversos agentes do mercado.

Borinelli (2006) pesquisou 88 empresas privadas em sua tese de doutorado, em sua análise o autor apresentou um resumo das atividades da controladoria mais citadas, segundo a literatura:

QUADRO 1 – RESUMO DAS ATIVIDADES DE CONTROLADORIA MAIS CITADAS, SEGUNDO A LITERATURA

Atividades	Autores (em %)	
	Brasileiros	Estrangeiros
Gerenciar o departamento de contabilidade.	29	21
Desenvolver e gerenciar o sistema contábil de informação.	14	32
Implementar e manter todos os registros cantábeis	21	58
Elaborar demonstração contábeis.	25	58
Atender aos agentes de mercado (preparar informações).	36	47
Realizar o registro e controle patrimonial (ativos fixos).	14	32
Gerenciar impostos (registro, recolhimento, supervisão etc.)	25	37
Desenvolver e gerenciar o sistema de custos.	29	42
Realizar auditoria interna.	25	26
Desenvolver e gerenciar o sistema de informações gerenciais.	82	11
Prover surporte ao processo de gestão, com informações.	79	63
Coodernar os esforços dos gestores das áreas (sinergia).	39	11
Elaborar, coodernar e assessorar na elaboração da organização (agrupadas).	36	32

Atividades	Autores (em %)	
	Brasileiros	Estrangeiros
Elaborar, coodernar, consolidar e assessorar na elaboração do orçamento das áreas (agrupadas).	29	58
Desenvolver, acompanhar e assessorar o controle do planejamento/orçamento (agrupadas).	39	47
Desevolver políticas e procedimentos contábeis de controle.	11	37

Fonte: Borinelli (2006, p. 133).

Analisando o exposto pelo autor, percebe-se que as principais atividades da controladoria para os autores são:
- prover suporte ao processo de gestão, com informações;
- desenvolver, acompanhar e assessorar o controle do planejamento/orçamento;
- implementar e manter os registros contábeis (para autores estrangeiros);
- atender aos agentes de mercado (preparar informações);
- elaborar demonstrações contábeis (para autores estrangeiros) e gerenciar o departamento de contabilidade (para autores brasileiros);
- desenvolver e gerenciar o sistema de informações gerenciais, enfatizado na literatura nacional.

Nesse sentido, Nascimento e Reginato (2007) afirmam que a área de controladoria tem a função de promover a eficácia das decisões, monitorando a execução dos objetivos estabelecidos, investigando e diagnosticando as razões para a ocorrência de eventuais desvios entre os resultados alcançados e os esperados, indicando as correções de rumo, quando necessárias, e, principalmente, suavizando para os gestores as imponderabilidades das variáveis econômicas, através do provimento de informações sobre operações passadas e presentes e de sua adequada comunicação, de forma a sustentar a integridade do processo decisório.

Em suma, Borinelli (2006) faz uma síntese das definições de controladoria, enquanto unidade organizacional, conforme o quadro 2:

QUADRO 2 – SÍNTESE DAS DEFINIÇÕES DE CONTROLADORIA, ENQUANTO UNIDADE ORGANIZACIONAL

O que é	É um órgão administrativo (área, unidade, departamento etc.); É uma função; É uma função informativa e analítica; É um serviço de informação econômica; É um sistema de controle gerencial; É um órgão de coordenação e controle da cúpula administrativa; É um órgão aglutinador e direcionador dos esforços dos demais gestores.
O que faz	Registra todos os fatos pertinentes ao negócio; Processa informação; Acumula, analisa e informa dados financeiros e estatísticos; Fornece dados, planeja, pesquisa; Projeta, desenvolve, implementa e monitora o sistema integrado de informações; Motiva, avalia e comunica os resultados do desempenho; Toma decisões sobre eventos, transações e atividades; Coordena e dissemina a tecnologia sobre gestão econômica; Coordena/responsabiliza-se pela gestão econômica do sistema empresa; Estabelece planos, estratégias, procedimentos de controles administrativos e contábeis.
Para que serve	Prover suporte ao processo de gestão; Informar sobre pontos de estrangulamento presentes e futuros; Direcionar as atividades empresariais na consecução de seus objetivos; Conduzir a otimização do resultado organizacional global; Levar a empresa à maior eficácia.

Fonte: Borinelli (2006, p. 197).

Pode-se dizer que a função da controladoria é apoiar o processo de decisão, através de sistemas de informações que possibilitem o controle operacional, visando ao monitoramento das atividades da empresa. (NASCIMENTO, REGINATO, 2007).

Borinelli (2006) apresenta, de forma resumida, uma associação dos objetivos da controladoria com sua missão, conforme a seguir:

QUADRO 3 – ASSOCIAÇÃO DOS OBJETIVOS DA CONTROLADORIA COM SUA MISSÃO

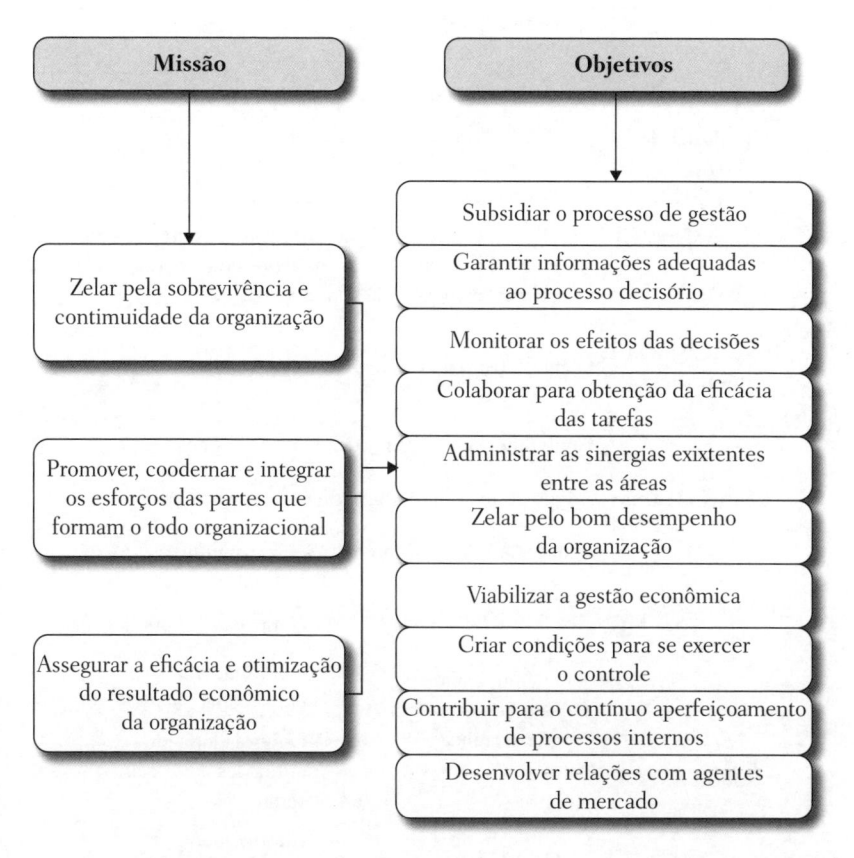

Missão	Objetivos
Zelar pela sobrevivência e contimuidade da organização	Subsidiar o processo de gestão
	Garantir informações adequadas ao processo decisório
	Monitorar os efeitos das decisões
Promover, coodernar e integrar os esforços das partes que formam o todo organizacional	Colaborar para obtenção da eficácia das tarefas
	Administrar as sinergias exixtentes entre as áreas
	Zelar pelo bom desempenho da organização
Assegurar a eficácia e otimização do resultado econômico da organização	Viabilizar a gestão econômica
	Criar condições para se exercer o controle
	Contribuir para o contínuo aperfeiçoamento de processos internos
	Desenvolver relações com agentes de mercado

Fonte: Borinelli (2006, p. 208).

Além da associação entre a missão e os objetivos da controladoria, o autor propõe uma estrutura conceitual básica, mais especificamente um quadro-resumo com os aspectos-chave da controladoria.

QUADRO 4 – RESUMO DOS ASPECTOS-CHAVE DA ESTRUTURA CONCEITUAL
BÁSICA DA CONTROLADORIA – PERSPECTIVA 1 – ASPECTOS CONCEITUAIS

Dimensão	Aspectos-chave
Definição	Controladoria é um conjunto de conhecimentos que se constituem em bases teóricas e conceituais de ordem operacional, econômica, financeira e patrimonial, relativas ao controle do processo de gestão organizacional.
Objetos de estudo	1. As organizações. 2. O processo (e o modelo) de gestão como um todo, incluindo as gestões operacional, econômica, financeira e patrimonial. 3. As necessidades informacionais, consubstanciadas nos modelos de decisão e de informação. 4. O processo de formação dos resultados organizacionais, compreendendo os modelos de mensuração, de identificação e de acumulação.
Enquadramento científico	Ciências factuais sociais.
Ciências afins	Contabilidade, Direito, Psicologia, Administração, Estatística, Sociologia, Economia, Matemática, Outras
Subdivisões	1. Quanto à natureza da organização em que se aplica: Controladoria pública, Controladoria empresarial, Controladoria em entidades do terceiro setor. 2. Quanto à área de eficácia dentro da organização em que se aplica: Controladoria corporativa, Controladoria de unidades.

Fonte: Borinelli (2006, p. 224).

O autor também demonstra uma estrutura de questões-chave da controladoria, especificamente em relação aos aspectos organizacionais, na qual propõe, a definição, missão, objetivos, posição hierárquica e sua organização interna, o que pode ser visualizado no quadro 5.

QUADRO 5 – RESUMO DOS ASPECTOS-CHAVE DA ESTRUTURA CONCEITUAL BÁSICA DA CONTROLADORIA – PERSPECTIVA 3 – ASPECTOS ORGANIZACIONAIS

Dimensão	Aspectos-chave	
Definição	Controladoria é o órgão do sistema formal da organização responsável pelo controle do processo de gestão e pela geração e fornecimento de informações de ordens operacional, econômica, financeira e patrimonial demandadas (i) para assessorar as demais unidades organizacionais durante todo o processo de gestão – planejamento, execução e controle – buscando integrar os esforços, bem como (ii) pelos agentes que se relacionam com a empresa, para suas tomadas de decisões.	
Missão	Zelar pela sobrevivência e continuidade da organização, por meio de um processo permanente de promoção, coordenação e integração dos esforços de cada uma das partes que formam o todo organizacional, de maneira a assegurar a eficácia e a otimização do resultado econômico da entidade.	
Finalidades e/ou obetivos	1	Subsidiar o processo de gestão em todas as suas fases.
	2	Garantir informações adequadas ao processo decisório.
	3	Monitorar os efeitos das decisões tomadas pelos gestores.
	4	Colaborar com os gestores em seus esforços de busca da eficácia da sua área.
	5	Administrar as sinergias existentes entre áreas.
	6	Zelar pelo bom desempenho da organização.
	7	Viabilizar a gestão econômica.
	8	Criar condições para se exercer o controle.
	9	Contribuir para o contínuo aperfeiçoamento de processos internos.
	10	Desenvolver relações com os *stakeholders* que interagem com a empresa, afim de identificar e atender às demandas por eles impostas à organização.

Dimensão	Aspectos-chave			
Posição Hierárquica	Subordinação		Autoridade	
	Presidência		Órgão de linha	
Organização Interna	1	Contabilidade geral ou financeira	6	Contabilidade fiscal ou tributária
	2	Contabilidade societária	7	Seguros e controle patrimonial
	3	Contabilidade gerencial	8	Controles internos
	4	Planejamento, orçamento e controle	9	Riscos
	5	Contabilidade de custos	10	Sistema de informações

Fonte: Borinelli (2006, p. 226).

1.2. AMBIENTE

Toda e qualquer atividade desenvolvida pela controladoria precisa necessariamente considerar o ambiente em que a empresa está inserida. Há um risco muito grande em o *controller* ou qualquer outro executivo, preocupar-se apenas com o que acontece da porta da empresa para dentro, ou seja, no ambiente interno.

É preciso considerar que a empresa está inserida em um ambiente dinâmico e turbulento, isto é, o ambiente externo, e que muitas das oscilações afetam internamente a organização e, consequentemente, sua forma de gestão, suas decisões e suas estratégias. Nascimento, Bartz e Reginato (2007), mencionam que o comportamento das variáveis dos ambientes externos é um dos fatores que explicam o grau de dificuldade que uma empresa pode ter para alcançar os seus objetivos.

A esta dinâmica de interferência e interdependência entre variáveis dos ambientes interno e externo da organização, chamamos de **sistema- -empresa** ou **perspectiva sistêmica** da empresa.

A análise inicia-se a partir da Teoria Geral de Sistemas (TGS), surgida a partir de estudos desenvolvidos pelo biólogo alemão, Ludwig Von Bertallanfy, na década de 1920. Medeiros (2007), menciona que existem inúmeros tipos de sistemas em cada ramo do conhecimento: na medicina, na astronomia, na astrofísica e que na empresa não é diferente, pois existem diversos sistemas que se completam, são interdependentes e interagem entre si, formando o sistema-empresa.

Bertalanffy (1977, p. 53 e 62), define sistema como um "conjunto de elementos em interação" e como "resultado da interação dinâmica das partes". Para Nascimento, Bartz e Reginato (2007, p. 19), "no contexto das atividades desenvolvidas em uma empresa, sistema pode ser entendido como o conjunto de relacionamentos dinâmicos das diferentes áreas que otimiza a utilização dos recursos por ela consumidos".

Os sistemas podem ser classificados em **sistemas fechados** e **sistemas abertos**, tal classificação se dá no relacionamento do sistema com o seu ambiente externo.

Sistemas fechados

Na visão de Bertallanfy (1977), os sistemas fechados são aplicáveis à física convencional, ficando, portanto, distante da realidade organizacional. Nascimento, Bartz e Reginato (2007, p. 20) afirmam que "a principal característica dos sistemas fechados é seu isolamento em relação ao ambiente externo, motivo pelo qual não são influenciados ou não apresentam relações com ele". Os autores mencionam que as principais características dos sistemas fechados são:

- isolamento em relação ao ambiente externo;
- inexistência de trocas de energia com o ambiente;
- peculiaridade da física convencional; e
- pressuposição da a existência de resultados previsíveis estatisticamente.

O exemplo mais comum de um sistema fechado é o relógio.

Sistemas abertos

Para Bertallanfy, a principal característica dos sistemas abertos é a sua relação de intercâmbio com o ambiente externo, recebendo influências e executando trocas de energias, o que, consequentemente, os conduz a certo nível de adaptabilidade, conforme afirmam Nascimento, Bartz e Reginato (2007).

Nesse sentido, a empresa é considerada um sistema aberto em razão de sua interação com a sociedade. Na empresa, há recursos introduzidos que são processados e há a saída de produtos ou serviços. (PADOVEZE, 2009). Essa interação pode ser observada na figura 1.

FIGURA 1 – VISÃO SISTÊMICA DA EMPRESA

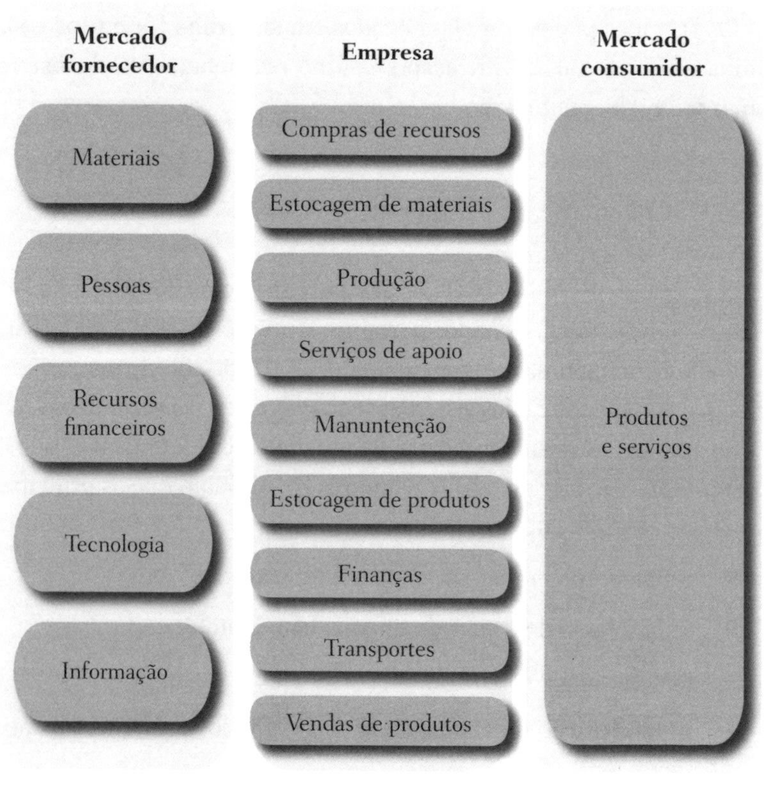

Mercado fornecedor	Empresa	Mercado consumidor
Materiais	Compras de recursos	Produtos e serviços
Pessoas	Estocagem de materiais	
Recursos financeiros	Produção	
Tecnologia	Serviços de apoio	
Informação	Manutenção	
	Estocagem de produtos	
	Finanças	
	Transportes	
	Vendas de produtos	

Fonte: Adaptado de Pereira (2001).

Para que a empresa consiga desenvolver a sua atividade, ela necessita de diversos recursos do ambiente externo (materiais, tecnologia, pessoa etc.), processa esse conjunto de recursos e os devolve ao ambiente, em forma de produtos ou serviços.

Conforme Katz e Kahn (1973, *apud* NASCIMENTO, BARTZ e REGINATO, 2007), os sistemas abertos possuem aspectos em comum:

- **Importação de energia:** a importação de energia pode ser entendida como os *inputs* do sistema, força motriz da operação. No contexto das atividades desenvolvidas em uma organização, os *inputs* são representados por matérias-primas, mão de obra, recursos financeiros, informações geradas, entre outros recursos, representado pelo "mercado fornecedor" na figura 1.

- **Transformação:** no âmbito do sistema organizacional, esta transformação ocorre pelo desenvolvimento das mais diversas atividades, as quais sao executadas por diferentes setores e processos, proporcionando um resultado que se espera positivo, representado pelas operações da "empresa", na figura 1.

- **Produto:** no contexto organizacional, os *outputs* são representados pelos produtos fabricados, pelos serviços prestados ou pelas informações geradas, que poderão auxiliar no processo de tomada de decisão, ou, inclusive, de reorganização do próprio sistema, representado pelo "mercado consumidor", na figura 1.

- **Sistemas como ciclos de eventos:** para que as três características anteriores não sejam contidas em si mesmas, necessitam de uma força sinérgica que as torne contínuas, mantendo um ciclo de atividade permanente, ou seja, a empresa utiliza matérias-primas e trabalho humano para confeccionar um produto que, por sua vez, é comercializado e cujo resultado monetário é utilizado para obtenção de mais matéria-prima e mais trabalho, a fim de perpetuar o ciclo de atividades

- **Entropia negativa:** na teoria da informação, a entropia expressa o grau de desordem ou de imprevisibilidade da informação[1]

---

1 Conforme Dicionário Aulete.

O processo entrópico é uma lei universal da natureza, no qual todas as formas de organização se movem para a desorganização ou para a morte, ou seja, tal característica é bastante pertinente às empresas, já que atuam em ambientes cada vez mais hostis, os quais, se não forem devida e constantemente monitorados, poderão impactar negativamente no desenvolvimento das atividades. A entropia pode ser entendida como a não disponibilidade de energia, de modo a conduzir um sistema à desordem crescente.

- **Insumos de informação:** informação é o tipo de insumo dos mais relevantes para o funcionamento de um sistema. Os insumos de informação podem ser entendidos como sinais vitais emitidos pelo ambiente, conhecidos como *feedback* (retroalimentação, retroinformação, retorno), podendo ser positivo ou negativo.

- *Feedback* **negativo:** o *feedback* negativo é o tipo mais simples de insumo de informação encontrado em todos os sistemas. Os sinais negativos, após analisados, conduzem as organizações às adaptações ou às mudanças necessárias em suas estruturas de funcionamento, mantendo-as na trajetória prevista.

- **Processo de codificação:** o processo de codificação ordena os sinais enviados pelo *feedback*, identificando quais sinais devem ser analisados e informa logicamente quais as ações a serem adotadas.

- **Estado firme e homeostase dinâmica:** para se deter o processo entrópico, a organização deve agir no sentido de reduzir a variabilidade na troca de energias, buscando manter um estado firme. No estado firme, existe um influxo constante de energia externa e também uma contínua exportação de produtos do sistema, gerando um processo homeostático. A homeostase dinâmica diz respeito ao equilíbrio interno que o sistema deverá ter para adaptar-se às influências do ambiente externo. Em outras palavras, é a capacidade de autorregulação que lhe permite funcionar dentro de limites aceitáveis quando as influências externas pressionam sua atuação para além de sua capacidade.

Existem outras características, porém as supracitadas são as mais significativas nos sistemas abertos.

Ocorre que, a interação com o ambiente externo não se restringe apenas aos *inputs* (materiais, pessoas...) e aos *outputs* (produtos, serviços), mas existe uma série de outros fatores que podem influenciar a empresa, principalmente no que diz respeito à gestão e, consequentemente, à tomada de decisões. A figura 2 demonstra algumas dessas variáveis:

FIGURA 2 – A EMPRESA COMO UM SISTEMA ABERTO

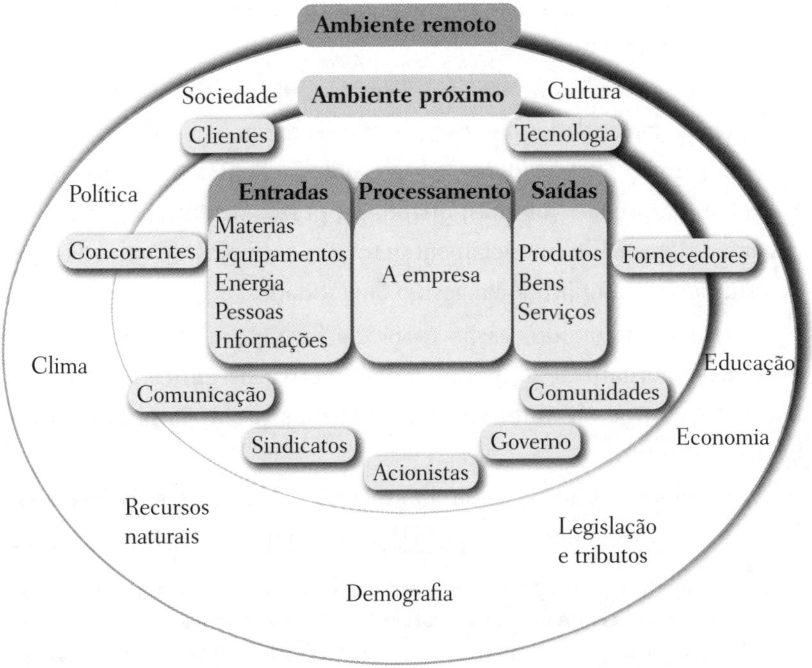

Ambiente remoto

- Sociedade
- **Ambiente próximo**
- Cultura
- Clientes
- Tecnologia
- Política
- **Entradas**: Materias, Equipamentos, Energia, Pessoas, Informações
- **Processamento**: A empresa
- **Saídas**: Produtos, Bens, Serviços
- Concorrentes
- Fornecedores
- Clima
- Educação
- Comunicação
- Comunidades
- Sindicatos
- Governo
- Economia
- Acionistas
- Recursos naturais
- Legislação e tributos
- Demografia

Fonte: Padoveze (2009, p. 13).

A figura 2 demonstra apenas algumas das variáveis que requerem a atenção da organização, de modo que ela possa avaliar adequadamente as consequências de cada uma delas na operacionalização de suas atividades, de modo a atingir seus objetivos.

A classificação em **ambiente próximo** e **ambiente remoto** depende do nível de influência que determinada variável possui sobre a empresa, podendo alterar-se, dependendo do segmento e negócio desta. Conforme Pereira (2001, p. 42):

> o *ambiente remoto* de uma empresa compõe-se de entidades que, embora possam não se relacionar diretamente com ela, possuem autoridade, domínio ou influência suficientes para definir variáveis conjunturais, regulamentares e outras condicionantes da sua atuação.

Para o autor, essas variáveis caracterizam o quadro atual e os cenários em que a empresa deverá atuar, influenciando tanto suas condições de sobrevivência e desenvolvimento quanto as das demais entidades que integram o ambiente global.

Quanto ao *ambiente próximo*, Pereira (2001, p. 43) menciona que "compõe-se de entidades que compõem o segmento em que atua e compete, tais como: fornecedores, concorrentes, clientes, consumidores." Para o autor, preços, volumes, qualidade, prazos de entrega, prazos de pagamento, taxas de financiamento etc. são exemplos de variáveis que determinarão a amplitude da gestão da entidade.

Como mencionado, essas variáveis fazem parte do **ambiente externo** da organização, porém a perspectiva sistêmica da empresa não se restringe ao ambiente externo, mas inclui também o **ambiente interno**.

No ambiente interno, essa abordagem se dá pelos **subsistemas**. Nascimento e Reginato (2010, p. 11) afirmam que:

> embora se possa pensar que as áreas das empresas sejam os seus subsistemas, isso não é uma realidade. Elas são os meios utilizados pela administração para promoverem a sinergia dos subsistemas de forma a levar a organização à consecução de seus objetivos.

Na literatura brasileira, a abordagem de Guerreiro (1989) foi uma das pioneiras no estudo de subsistemas e também uma das mais utilizadas. O autor classificou-os em: subsistema institucional, subsistema organizacional, subsistema de gestão, subsistema de informação, subsistema físico e subsistema social.

Mosimann e Fisch (1999) assim definem os subsistemas:

- **Subsistema institucional:** as crenças são as convicções; os valores são as apreciações subjetivas que revelam as preferências das pessoas segundo tendências e influências sociais a que estão submetidas. Essas crenças e valores dos proprietários irão impactar toda a organização, porque, somadas às expectativas de seus investidores, converter-se-ão em diretrizes-mestras, que nortearão os demais subsistemas do sistema empresa, criando a crença, a cultura organizacional.

Para os autores, o subsistema institucional é o grande caminho adotado para melhor interagir com o ambiente – posicionamento da empresa frente a clientes, fornecedores, sociedade, funcionários, governo, controladores externos etc. – tendo em vista a missão a ser cumprida e as vantagens e limitações da empresa nesse sentido, influenciando os demais subsistemas da empresa.

Pereira (2001), menciona que esse subsistema engloba o modelo de gestão da empresa.

- **Subsistema organizacional:** esse subsistema diz respeito à forma como a empresa está organizada, ou seja, como são agrupadas suas diversas atividades, o tipo de estrutura utilizada (vertical ou horizontal), a definição da amplitude administrativa (se é ou não descentralizada), o grau de delegação de poder e atribuição de responsabilidade, entre outros, e tem por objetivo primordial assegurar que todas as atividades da empresa sejam desenvolvidas. É influenciada pelo sistema institucional.

- **Subsistema de gestão:** o subsistema de gestão é caracterizado pelo processo de planejamento, execução e controle que perfaz o processo decisório de uma empresa. Para Guerreiro (1989) "a fase de execução das atividades operacionais é o ponto fundamental que caracteriza o estado dinâmico do sistema empresa". O subsistema de gestão é influenciado pelo subsistema institucional, que, por sua vez, impacta todos os demais subsistemas. É suportado pelo subsistema de informação, necessário ao planejamento, ao conhecimento da realidade (execução) e ao controle. O controle dá-se antes, durante e após a execução.

- **Subsistema de informação:** as informações estão tornando-se recursos cada vez mais necessários para a continuidade das empresas modernas, tendo em vista as rápidas mudanças que ocorrem em seu ambiente externo, exigindo adaptações em tempo exíguo em seu ambiente interno. Por isso, cada área da empresa possui seu subsistema de informação, que compõe parte de um todo, chamado subsistema de informação da empresa. Trata-se de um sistema que coleta e processa dados, gerando informações que atendam às necessidades de seus usuários.

- **Subsistema físico:** constitui o conjunto de elementos físicos (excluindo-se as pessoas) necessários à operacionalização, ou seja, à execução e ao *know how* (como fazer esses elementos físicos se transformarem em produtos). É nesse subsistema que as coisas acontecem, que o planejado se materializa, ou seja, vira realidade. Esse subsistema, interagindo com os demais sistemas, executa as atividades da empresa para que ela possa cumprir sua missão. Como exemplo de atividades, podemos citar: compras, produção, venda, finanças, manutenção etc.

- **Subsistema social:** refere-se ao conjunto de pessoas que formam a empresa em todos os seus escalões, com todas as variáveis associadas aos indivíduos de forma isolada e em grupos. Fazem parte desse subsistema: as necessidades vitais, a cultura, a criatividade, a motivação, a liderança, o treinamento e os objetivos individuais e grupais.

A interação dos subsistemas pode ser melhor entendida através da figura 3, de Santos (2005):

FIGURA 3 – SUBSISTEMAS FUNDAMENTAIS DO SISTEMA-EMPRESA

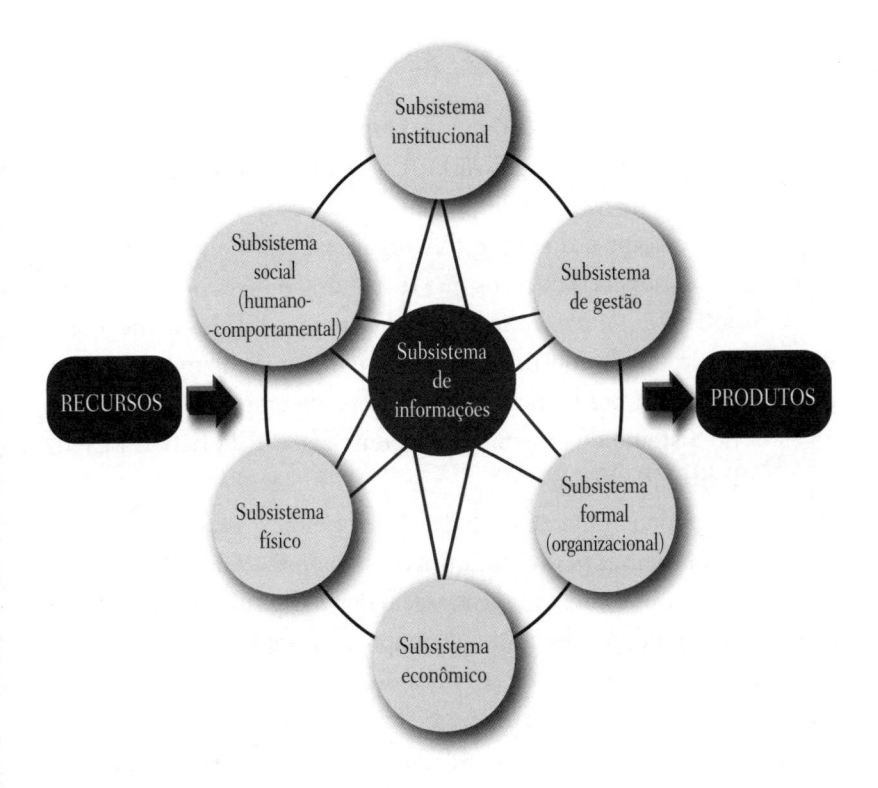

Fonte: Santos (2005, p. 17).

O autor menciona que o subsistema econômico é caracterizado pela natureza dos recursos utilizados e transformados pela empresa e que esse valor é decorrente das leis de oferta e procura, já que a empresa está inserida em um ambiente econômico.

Guerreiro (1989, p. 229 *apud* SANTOS, 2005, p. 17) muito bem resume os subsistemas, afirmando que:

> [...] as pessoas (subsistema social), condicionadas por determinados princípios (subsistema institucional), ocupando determinados postos com autoridade e responsabilidades pré-definidas (subsistema formal)

tomam decisões (subsistema de gestão) sobre recursos (subsistema físico), utilizando informações (subsistema de informação), para que a empresa alcance seu objetivo [...].

1.3. FUNÇÃO DO CONTROLLER

Dependendo do organograma da empresa, o título *controller* pode ser aplicado a diversos cargos nas áreas administrativas, contábeis e financeiras, com níveis de responsabilidade e de remuneração que dependem do setor e do porte das organizações. Podem ser vistos, com certa frequência, anúncios que recrutam *finance controller, planting controller, sênior controller, controller* para unidades de negócios, diretor ou gerente da controladoria. De qualquer maneira, entende-se por *controller* um dos principais executivos da empresa, devendo ser o gestor do Sistema de informações gerenciais. (OLIVEIRA; PEREZ JÚNIOR; SILVA, 2011).

Além das denominações citadas pelos autores, existem outras. E por que tantos nomes para definir um mesmo profissional? Pelo simples fato de que, como comentamos no início deste capítulo, a configuração da controladoria depender muito da empresa que a implanta, da necessidade que essa empresa tem e, portanto, das funções que atribuir à controladoria e ao *controller*.

A própria definição de controladoria também contribui para essa diversidade, como é constituída a partir de inúmeras áreas do conhecimento, conforme comentamos anteriormente, as funções do *controller* também acabam incluindo conhecimentos de contabilidade, administração, economia, direito, psicologia, dentre outras. Roehl-Anderson e Bragg (2000 *apud* BORINELLI, 2006), afirmam que "o *controller* tem uma das descrições de trabalho mais complexas de todos os gerentes da organização, porque há muitas áreas funcionais sobre as quais ele ou ela é responsável."

Nesse sentido, Horngren *et al.* (2004, p. 14) explicam que "A posição de *controller* varia em estatura e responsabilidade de empresa para empresa." Mais à frente, os autores exemplificam que "em algumas, ele está confinado a compilar dados, basicamente para relatórios externos. Em outras palavras, "o *controller* é um executivo-chave que apoia o planejamento e o controle gerencial para todas as subdivisões da empresa." Veja-se que, pela visão dos autores, a função do *controller*, responsável pela controladoria, tanto pode estar voltada para o atendimento de demanda dos usuários internos, quanto dos externos. (Borinelli, 2006).

Beuren (2002, p. 23), afirma que "é ao *controller*, mais do que a qualquer outro profissional, que os gestores se dirigem para obter orientações quanto à direção e ao controle das atividades empresariais, visto ser ele o responsável pelo sistema de informações da empresa". A autora afirma ainda que "no entanto, não é atribuição sua dirigir a organização, pois essa tarefa é dos gestores, mas é sua competência mantê-los informados sobre os eventos passados, o desempenho e os possíveis rumos da empresa".

Corroborando com Beuren, Figueiredo e Caggiano (2008, p. 13) afirmam que "o *controller* tem como tarefa manter o executivo principal da companhia informado sobre os rumos que ela deve tomar, aonde pode ir e quais os caminhos que devem ser seguidos".

Embora se saiba que, na prática, em algumas empresas, o *controller* possui alçadas para tomada de decisões, esse não é o seu papel. Sabemos que uma das principais funções da controladoria é fornecer aos gestores informações úteis para a tomada de decisões. Assim, o *controller* é o profissional responsável pela elaboração, pela organização e pela análise dessas informações. Por isso, é um profissional valorizado e, ao mesmo tempo, possuidor de muita responsabilidade, pois a escolha da decisão mais acertada depende diretamente da qualidade da informação consignada por esse profissional.

Nesse sentido, o *controller* deve ter capacidade técnica para realizar as tarefas que lhe são designadas, bem como gerenciar o pessoal subordinado. Não obstante, atualmente, a dinâmica dos ambientes interno e externo da empresa requer que ele esteja a par de todos os aspectos que afetam a situação presente ou futura da organização e, por consequência, deve ser justo, honesto e verdadeiro no que concerne ao fornecimento de informações para os diferente tipos de usuários, não privilegiando uns em detrimento de outros. Além disso, deve ter habilidade para comunicar-se com os diferentes níveis hierárquicos da empresa, respeitando as ideias e as opiniões dos outros e possuir desembaraço para enfrentar todos os desafios que a função lhe impõe. (BEUREN, 2002).

EXERCÍCIOS DE FIXAÇÃO

01. CESGRANRIO – BNDES 2008 – profissional básico – especialidade administração

O ciclo de vida de um produto representa estágios distintos na história das vendas de um determinado produto, com diferentes oportunidades e problemas em relação às estratégias metodológicas, operacionais e financeiras. Dentre as opções a seguir, assinale aquela que identifica corretamente a fase introdutória do produto no mercado.

a) Crescimento rápido no volume de vendas, disponibilidade ilimitada e custos baixos.

b) Lucratividade alta, oferta de acessórios e grande volume de vendas do produto no mercado.

c) Vendas com tendência a redução, lucratividade constante e exigência de modificação no projeto do produto.

d) Lucros praticamente inexistentes, vendas não muito volumosas e disponibilidade limitada do produto.

e) Período de venda com volumes altos, lucros estáveis e produto mantido inalterado em relação ao projeto original

Gabarito: letra D

Comentário: embora a questão não seja exatamente o foco da teoria da controladoria, ela se torna importante para o planejamento das operações da organização e, consequentemente, para as suas atividades.

Como comentamos, um dos fatores que fez com que as organizações implantassem a controladoria diz respeito exatamente ao ciclo de vida dos produtos, especialmente ao seu encurtamento. Nesse caso específico, um produto novo no mercado perde em lucratividade, pois precisa conquistar mercado, devido ao acirramento da concorrência. Além disso, as empresas disponibilizam quantidades limitadas justamente para avaliar a aceitação do produto, evitando que se tenham custos maiores.

02. CESGRANRIO – BNDES – 2008 – profissional básico – especialidade economia

No mundo atual, de concorrência global, o ciclo de vida de muitos produtos e processos vem se encurtando consideravelmente. Assim, é ERRADO afirmar que:

a) as constantes inovações encurtam mais ainda o ciclo de vida dos produtos e processos.

b) a produção de conhecimentos novos deveria se concentrar, exclusivamente, nas empresas, para propiciar seu uso imediato.

c) a capacidade de ter acesso, comprar e incorporar conhecimento é muito importante para manter a competitividade.

d) a capacidade de produzir conhecimento novo é vital para avançar à frente da concorrência.

e) o desenvolvimento da ciência básica é fundamental para se produzir conhecimento novo.

Gabarito: letra B

Comentário: essa questão trata do mesmo assunto da questão anterior, ou seja, o ciclo de vida dos produtos. O encurtamento deste em relação aos produtos é uma consequência de uma série de fatores conjunturais, como globalização, acirramento da concorrência, surgimento de novas tecnologias, acesso à informação etc. Todos esses fatores fazem com que as empresas necessitem de novas estratégias – o que inclui novos produtos – para se manterem competitivas. As alternativas apresentam todos esses fatores, exceto no item "b".

03. SEFAZ-RJ – 2008 – Fiscal de Rendas – prova 1

Segundo o professor Lino Martins da Silva, a controladoria tem numerosas atribuições. Assinale a alternativa que não represente uma dessas atribuições.

a) Submeter a prestação de contas que o Governo deve apresentar anualmente ao Poder Legislativo, por meio do Tribunal de Contas.

b) Servir, por meio de documentos e relatórios, de instrumento de auxílio no processo decisório.

c) Produzir avanços no uso dos sistemas tradicionais de controles orçamentário, financeiro e patrimonial, estabelecendo um elenco de indicadores financeiros, econômicos e sociais que permitam a melhoria do processo decisório.

d) Abandonar gradativamente a preocupação com o montante gasto para enfatizar os resultados alcançados pelos gestores nos aspectos da economicidade, eficiência e eficácia.

e) Tratar a função de controle como fazendária, por se tratar da necessidade da ênfase dada ao fluxo financeiro durante o acompanhamento e a execução do orçamento.

Gabarito: letra E

Comentário: a questão trata das numerosas atribuições da controladoria, conforme comentamos. No entanto, nesse caso específico, é preciso ter cuidado porque há mistura entre a estrutura conceitual e doutrinária da controladoria com a controladoria da área pública, que possui atribuições mais específicas estabelecidas em lei, como justamente no caso da alternativa "a", nas alternativas "b", "c" e "d" tratamos apenas de controladoria (o que pode, de certa forma, também ser atribuído à área pública) e, essas alternativas apresentam atribuições passíveis de serem desempenhadas pela controladoria, sendo todas verdadeiras.

04. UFBA – 2009 – Administrador

A análise da figura permite afirmar:

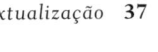

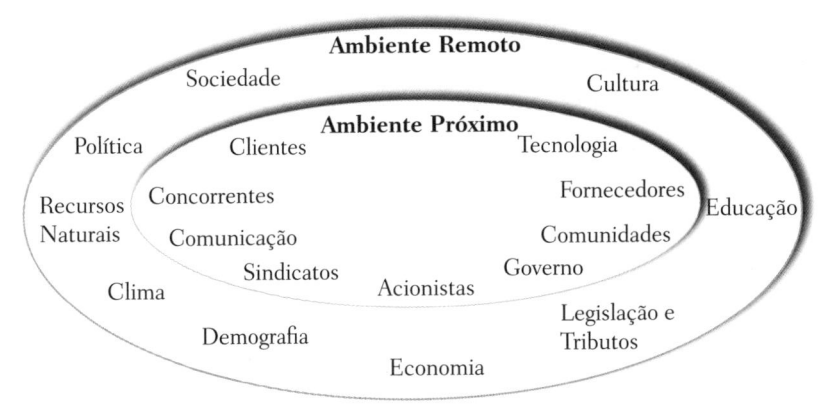

Ambiente Remoto: Sociedade, Cultura, Política, Recursos Naturais, Clima, Educação

Ambiente Próximo: Clientes, Concorrentes, Comunicação, Sindicatos, Demografia, Acionistas, Economia, Tecnologia, Fornecedores, Comunidades, Governo, Legislação e Tributos

A empresa como um sistema aberto tira recursos do ambiente, processa-os e devolve-os transformados ao ambiente onde se insere.

( ) Certo ( )Errado

Gabarito: Certo

Comentário: a frase está correta, trata-se da principal justificativa que define a empresa como um sistema aberto, ou seja, a constante troca de energias com o ambiente externo: a entrada de recursos desse ambiente, processando-os e devolvendo-os na forma de bens ou de serviços. Ressalte-se a utilização da figura de Padoveze (2009) – "a empresa como um sistema aberto."

05. FCC – TCE-SP – 2008 – Auditor do Tribunal de Contas

A aplicação da perspectiva sistêmica à teoria das organizações, comum durante os anos 1960, pretendia integrar os conhecimentos produzidos de forma fragmentária por abordagens precedentes. Sobre a perspectiva sistêmica, considere:

I. A tendência à entropia é uma das principais ameaças que uma organização enfrenta na interação com o ambiente.

II. Na perspectiva sistêmica, o homem, com suas características de personalidade e socialização, é visto como elemento central no equilíbrio, necessariamente instável, entre organizações e ambiente.

III. Um sistema empresarial alcança um estado de equilíbrio integrado quando os diversos subgrupos que o compõem reagem de forma mais ou menos coerente aos estímulos ou ameaças do ambiente.

IV. A principal preocupação da análise sistêmica é reduzir as incongruências e os conflitos entre as metas organizacionais e os interesses individuais, por meio da compreensão das motivações das pessoas para agirem no ambiente de trabalho.

V. Na teoria sistêmica, os papéis funcionais são mais importantes do que as características pessoais para a compreensão do funcionamento das empresas.

Está correto o que se afirma APENAS em:
a) I, II e III.
b) I, II e V.
c) I, III e V.
d) II, III e IV.
e) II, IV e V.

Gabarito: letra C

Comentário: em relação à perspectiva sistêmica das organizações, o item I está correto, pois trata de uma das características dos sistemas abertos, a entropia negativa, a qual diz que as empresas se movem para a desordem ou morte, como um processo natural e, portanto, é um desafio para a gestão. O item II encontra-se fora do escopo dessa discussão e, portanto, está incorreta. O item III está correto, pois o sistema é exatamente isso, ou seja, a interrelação entre as partes, chamadas também de subsistemas, buscando o equilíbrio e levando a organização a atingir o seu objetivo. O item IV está incorreto porque, embora seja uma das preocupações da organização, a redução da incongruência de interesses e objetivos entre os seus diversos componentes não é uma abordagem específica dos sistema-empresa, porém deve ser considerada no planejamento estratégico. O item V está correto também pela mesma justificativa do item III, ou seja, não faz sentido para a abordagem sistêmica as características pessoais se sobressaírem aos papéis funcionais ou ao funcionamento do sistema como um todo.

06. FCC – Metrô – SP – 2008 – Analista *Trainee* – Administração de Empresas

Considere a capacidade das organizações, enquanto sistemas abertos, de:

I. conservar um estado equilibrado por meio de mecanismos autorreguladores;

II. importar mais energia do ambiente externo do que expender;

III. alcançar, por vários caminhos, o mesmo estado final, partindo de iguais ou diferentes condições iniciais.

Os itens I, II e III referem-se, respectivamente, a:

a) homeostase; importação de energia; diferenciação.
b) homeostase; entropia negativa; equifinalidade.
c) entropia negativa; importação de energia; homeostase.
d) estado firme; homeostase dinâmica; diferenciação.
e) equifinalidade; homeostase; estado firme.

Gabarito: letra B

Comentário: a questão se refere à perspectiva sistêmica das organizações, mais precisamente às características dos sistemas abertos. O primeiro item refere-se ao conceito de homeostase dinâmica, utilizando-se da capacidade de autorregulação para manter um equilíbrio interno, a segunda se refere à entropia negativa, ou seja, a entropia é a não disponibilidade de energia, o que conduz à desordem do sistema e, por isso, importa mais energia do ambiente externo do que exporta. E a terceira diz respeito ao conceito de equifinalidade.

07. A Teoria Geral dos Sistemas (TGA) produziu grande impacto na gestão das organizações, pois os seus pontos básicos podem ser aplicados à administração. Dentro dessa perspectiva, as organizações são vistas como sistemas abertos, que transacionam com o ambiente e que têm a característica de poder alcançar, por uma variedade de caminhos, o mesmo estado final, partindo de diferentes condições iniciais. Essa característica é denominada:

a) Homeostasia.
b) Entropia.
c) Diferenciação.
d) Equifinalidade

Fonte: http://www.candidatoreal.com.br

Gabarito: letra D

Comentário: a questão diz respeito às características dos sistemas abertos, na abordagem sistêmica das organizações. O texto se refere especificamente ao conceito de equifinalidade, o que poderia ser utilizado, por exemplo, no estabelecimento de estratégias diferentes, para se atingir um mesmo objetivo.

08. CESPE – 2011 – Correios – Analista de Correios – Administrador

No que se refere ao impacto do ambiente e à visão sistêmica nas organizações, julgue os itens subsequentes.

Nas organizações vistas como sistemas fechados, há constante relação de múltiplos impactos ou de interferências entre os subsistemas que constituem as estruturas organizacionais.

( )Certo   ( )Errado

Gabarito: Errado

Comentário: a questão está errada porque as organizações são vistas como sistemas abertos e não fechados, e isso significa que, em sistemas fechados, não há relação com as variáveis ou com as interferências do ambiente externo.

09. FCC – 2009 – TJ–AP – Analista Judiciário – Administração

De acordo com a moderna teoria dos sistemas, as organizações na Era Contemporânea devem ser entendidas como um:

a) conjunto de elementos, partes ou órgãos que compõem uma totalidade integrada e autossuficiente em torno de suas relações intrassistêmicas.

b) sistema de *inputs* e *outputs* de energia, recursos e informação necessários à reprodução da suas partes, mas com elevado grau de entropia em relação ao ambiente externo.

c) conjunto de subsistemas de múltiplas entradas e saídas, submetido a uma relação instável, com o ambiente externo, e, portanto, com baixa previsibilidade no seu comportamento.

d) complexo de subsistemas que se comportam de forma homogênea graças ao sistema de retroalimentação centralizado que permite uma perfeita homeostasia em relação com o ambiente externo.

e) sistema orgânico com baixa diferenciação interna e alta adaptabilidade ao ambiente externo, levando a uma constante busca de comportamentos defensivos.

Gabarito: letra C

Comentário: a alternativa "a" está errada porque na perspectiva sistêmica das organizações não é possível ser autossuficiente, há constante troca de energias com o ambiente externo. O item "b" está incorreto, pois a entropia, como vimos, é a tendência à morte do sistema, porém, como há a interação com o ambiente externo, essa "nova" energia produz uma reação contrária, uma proteção, denominada "entropia" negativa. O item "c" está correto: entradas de recursos do ambiente externo, saídas na forma de produtos e serviços e influência de inúmeras variáveis desse ambiente são portanto, pouco previsíveis. O item "d" está errado porque não há um comportamento homogêneo dos subsistemas, pelos mesmos motivos considerados anteriormente e, por fim, a letra "e" está errada porque existe uma alta diferenciação, isto é, a multiplicação de funções internas.

10. Indique se as frases a seguir são verdadeiras (V) ou falsas (F):

( ) A controladoria consiste em um corpo de doutrinas e conhecimentos relativos à gestão econômica. Pode ser visualizada sob dois enfoques: como sistema aberto e como sistema fechado.

( ) Pode-se entender controladoria como o conjunto de princípios, procedimentos e métodos oriundos das ciências administração, economia, psicologia, estatística e, principalmente, da contabilidade, que se ocupa da gestão econômica das empresas, com a finalidade de orientá-las para a eficácia.

( ) O subsistema institucional é influenciado pelo subsistema de gestão, o que, por sua vez, impacta todos os demais subsistemas.

( ) Os sistemas abertos consistem em uma relação de intercâmbio com o ambiente externo, além de pressupor a existência de resultados previsíveis estatisticamente e de considerar a complexidade de elementos em interação contínua.

Escolha a opção correta:
a) F, V, F, V
b) V, F, V, F
c) F, F, V, V
d) F, V, F, F

Fonte: as autoras.

Gabarito: letra D

Comentário: o primeiro item é falso porque os dois enfoques nos quais a controladoria pode ser visualizada são: como ramo do conhecimento e como órgão administrativo. O segundo item é verdadeiro, já que refere-se ao conceito de Borinelli (2006). O terceiro item é falso porque os conceitos estão invertidos, ou seja, o subsistema institucional é o que vai definir e influenciar os demais subsistemas, inclusive o de gestão. O quarto item está incorreto porque em sistemas abertos não há previsibilidade de resultados, considerando-se as influências das variáveis do ambiente externo.

11. Considere o parágrafo a seguir e identifique, respectivamente, a alternativa que corresponde às palavras que o completam:

"[...] as pessoas (subsistema social), condicionadas por determinados princípios (subsistema _____), ocupando determinados postos com autoridade e responsabilidades predefinidas (subsistema _____) tomam decisões (subsistema de gestão) sobre recursos (subsistema _____), utilizando informações (subsistema de informação), para que a empresa alcance seu objetivo..." (GUERREIRO, 1989, p. 229).

a) institucional – formal – físico

b) formal – institucional – físico

c) físico – institucional – formal

d) nenhuma das alternativas

Fonte: as autoras.

Gabarito: letra A

Comentário: a frase apresentada se refere a uma citação de Guerreiro (1989), que resume a integração dos subsistemas da organização.

12. Considere as assertivas a seguir e marque a resposta certa.

I. A controladoria tem por objetivo garantir informações adequadas ao processo decisório, colaborar com os gestores em seus esforços de obtenção da eficácia de suas áreas quanto aos aspectos econômicos e, além disso, contribuir para que a entidade atinja a sua eficácia empresarial, por meio da coordenação dos esforços dos gestores das áreas.

II. A controladoria deve esforçar-se para garantir o cumprimento da missão e a continuidade da organização.

III. Sistema é um conjunto de partes coordenadas para realizar um conjunto de finalidades.

a) Todas as alternativas estão corretas.

b) Apenas I está correta.

c) Apenas I e II estão corretas.
d) Apenas I e III estão corretas.
e) Apenas II e III estão corretas.

Fonte: as autoras.

Gabarito: letra A

Comentário: as duas primeiras assertivas dizem respeito ao objetivo e a missão da controladoria, conforme a visão dos autores comentados nesta obra. A terceira refere-se ao conceito de sistema. Todas as assertivas estão corretas.

13. Analisando o contexto histórico empresarial, pode-se relacionar alguns fatos históricos anteriores e posteriores ao próprio surgimento da controladoria e às necessidades de planejamento. Marque "A" para cenário anterior e "P" para o cenário posterior.

( ) Ambiente inflacionário.

( ) Resultado da empresa era gerado em grande parte pelo resultado financeiro.

( ) Atividade produtiva priorizada.

( ) Preço de venda determinado pela empresa, com base na fórmula de custos e despesas + lucro = preço de venda.

( ) Globalização e maior facilidade de acesso à informação.

Escolha a opção correta
a) A, P, P, A, P
b) A, A, P, A, P
c) P, A, P, A, A
d) P, P, A, P, A
e) P, P, A, P, P

Fonte: as autoras.

Gabarito: letra B

Comentário: a questão diz respeito ao cenário que levou as organizações à necessidade de implantar a controladoria. O primeiro cenário mostra um ambiente inflacionário, em que o resultado principal da organização advinha do mercado financeiro, deixando de ter foco na atividade produtiva e um segundo cenário em que se tem uma moeda estabilizada, uma concorrência global acirrada, mais facilidade de acesso à informação, dentre outros fatores que trazem como consequência a necessidade de se acompanhar os processos internos, o controle das operações, a otimização de recursos e a redução de custos. Esses fatores possibilitaram o "surgimento" da controladoria no Brasil.

capítulo · 2

Planejamento e orçamento empresarial

No capítulo anterior, vimos que uma das principais funções da controladoria, se não a mais importante, é subsidiar o processo de gestão, auxiliando os principais executivos na tomada de decisão. Esse processo é composto pelo planejamento, pela execução e pelo controle, ou seja, nele são definidas as principais metas e estratégias da organização. Tal fato torna as atividades da controladoria intimamente ligada aos planejamentos estratégico, tático e operacional, bem como ao orçamento, como abordaremos neste capítulo.

2.1. PLANEJAMENTO ESTRATÉGICO

A atual conjuntura econômica e social tem reforçado a necessidade de as empresas incorporarem características que lhes permitam maior grau de flexibilidade e adaptação ao ambiente onde atuam. Do ponto de vista da gestão empresarial, nesse ambiente de turbulências e de grande competição entre as empresas, são fundamentais: I) o planejamento cuidadoso de suas ações; II) a implementação adequada de seus planos e III) a avaliação sistemática do desempenho realizado em relação aos planos traçados (CATELLI; PEREIRA; VASCONCELOS, 2001).

Catelli, Pereira e Vasconcelos (2001, p. 135) mencionam que "esses aspectos evidenciam a necessidade de as empresas terem um processo de gestão estruturado na forma do ciclo 'planejamento, execução e controle'", isto é, o processo de gestão. Veja na figura 4 a visão geral desse processo:

FIGURA 4 – PROCESSO DE GESTÃO

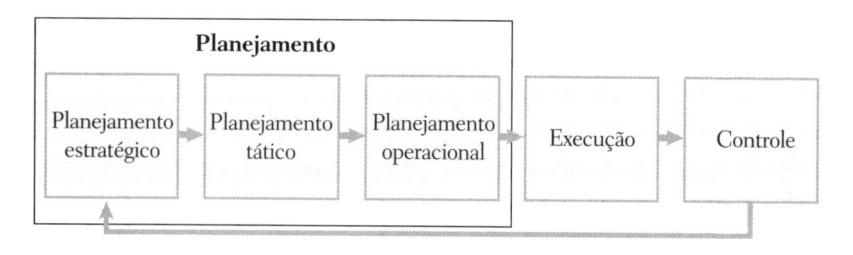

```
┌─────────────────────────────────────────────────────┐
│  Planejamento                                       │
│  ┌──────────┐  ┌──────────┐  ┌──────────┐          │   ┌─────────┐   ┌─────────┐
│  │Planejam. │→ │Planejam. │→ │Planejam. │          │→  │Execução │ → │Controle │
│  │estratég. │  │tático    │  │operacion.│          │   └─────────┘   └─────────┘
│  └──────────┘  └──────────┘  └──────────┘          │
└─────────────────────────────────────────────────────┘
```

É importante ressaltar que alguns autores, ao abordarem o processo de gestão, se referem ao chamado "**ciclo PDCA**", considerado por uns como sinônimo do processo de gestão e, por outros, como uma metodologia semelhante. PDCA é uma sigla, em inglês: P (*plan* / planejamento), D (*do* / execução), C (*check* / verificação) e A (*act* / ação). Significa planejar um conjunto de ações, executá-las, monitorá-las e agir no sentido de corrigir as falhas, tendendo justamente à melhoria contínua. Se compararmos com a figura 4, a verificação e a ação estariam contempladas no controle.

Catelli, Pereira e Vasconcelos (2001, p. 136) comentam que, "na fase de planejamento, para a implementação das transformações necessárias, a empresa necessita antecipar cenários futuros, identificando oportunidades e ameaças e confeccionando estratégias e políticas de atuação, ou seja, a empresa necessita de um planejamento estratégico".

De uma forma bastante objetiva e simplificada, Oliveira, Perez Jr. e Silva (2011) ilustram o planejamento estratégico:

FIGURA 5 – PLANEJAMENTO ESTRATÉGICO

Onde estamos?	→	Para onde queremos ir?	→	Como iremos?
↓		↓		↓
Diagnóstico da situação atual		Missões Objetivos Políticas Estratégias		Estratégia de solução

Fonte: Oliveira; Perez Jr; Silva (2011, p. 31).

De acordo com Gehrking (1997 *apud* NASCIMENTO e REGINATO, 2007), o planejamento empresarial apresenta três fases: a primeira, entre 1900 e 1930, chamada "fase de produção em massa"; a segunda, de 1930 até 1950, conhecida como "fase do marketing de massa" e, por último, a fase que se estende até os dias atuais, a denominada "era da informação". O autor comenta ainda que foi nesse contexto que surgiu o planejamento estratégico, tendo como propósito fazer com que esse instrumento permita à empresa modelar o futuro em vez de apenas tentar antecipá-lo.

Planejamento é a mais básica de todas as funções gerenciais, e a habilidade com que essa função está sendo desempenhada determina o sucesso de todas as operações. Planejamento pode ser definido como o processo de reflexão que precede a ação e é dirigido para a tomada de decisão, agora com vistas para o futuro (FIGUEIREDO; CAGGIANO, 2008).

O planejamento estratégico consiste em uma reflexão profunda e sistematizada sobre a interação da empresa com o seu ambiente, cujo produto fornece os subsídios necessários para que a administração avalie os meios para se atingirem os objetivos esperados, estabelecendo o foco a ser seguido por toda a organização. Além disso, possui natureza puramente **qualitativa** (NASCIMENTO; REGINATO, 2010). Catelli, Pereira e Vasconcelos (2001, p. 138) mencionam que "a fase do planejamento estratégico tem como premissa fundamental assegurar o cumprimento da missão da empresa".

Nascimento e Reginato (2010, p. 132) afirmam que:

> a controladoria não é uma área cujo gestor toma decisões. Ele pode participar delas, apoiando-as, mas não é o responsável pela escolha entre diferentes cursos de ação. O planejamento estratégico, por sua vez, não reflete uma decisão em si, mas toda a preparação para que ela seja tomada de forma coesa, isto é, que a escolha da estratégia se dê através de uma sequência de procedimentos sistêmicos que a revista de segurança.

Os autores complementam afirmando que é por esse motivo que a controladoria tem um papel destacado no processo de elaboração do planejamento estratégico. Assim, baseado em um sistema de informações, ela oferecerá aos gestores todas as informações necessárias para que estes tenham conhecimento de todas as variáveis do ambiente que possam afetar a organização e definir a melhor estratégia possível.

Quanto à sua elaboração, há que se ter o máximo de cuidado ao avaliar cada uma das variáveis dos ambientes interno e externo, bem como seu impacto para a organização, pois, conforme vimos na figura 2 (capítulo 1), as variáveis que podem impactar a empresa são inúmeras e o ambiente bastante turbulento e em constante mutação. Para se desenvolver a análise do ambiente e preparar o planejamento, existem diversas metodologias, as mais citadas na literatura brasileira são a Matriz SWOT e o Modelo Porter.

A matriz SWOT (sigla em inglês para os termos *strengths, weaknesses, opportunities and threats,* forças, fraquezas, oportunidades e ameaças) foi criado por membros da *Harvard University School of Business*, especialmente por Kenneth Andrews, em meados da década de 1960. Ele foi concebido no intuito de servir como instrumento de análise para mapear as condições ambientais externas, no que se refere à identificação de potenciais ameaças e oportunidades, e para a avaliação do ambiente interno, no qual se busca identificar os pontos fortes e fracos da empresa. (NASCIMENTO; REGINATO, 2010). O modelo SWOT pode ser assim representado:

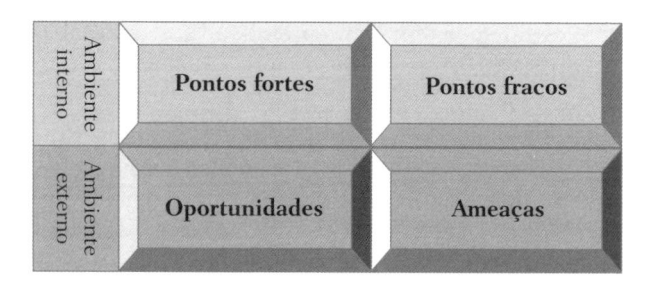

FIGURA 6 – MODELO SWOT

Ambiente		
interno	Pontos fortes	Pontos fracos
externo	Oportunidades	Ameaças

No modelo SWOT pode-se distribuir o processo de planejamento em quatro fases: na primeira, discute-se a necessidade de estruturação do planejamento e a forma como ele será implementado; na segunda, mapeiam-se as oportunidades e ameaças do ambiente externo e os pontos fortes e fracos do ambiente interno; na terceira fase, definem-se os objetivos da empresa, o que ela pretende e quais as metas a serem alcançadas, formulando as estratégias; na última fase ocorre a implementação da estratégia escolhida, materializada na forma de planejamento estratégico (NASCIMENTO; REGINATO, 2010).

Já Figueiredo e Caggiano (2008) defendem a elaboração do planejamento estratégico em cinco estágios: I) estabelecer os objetivos da organização; II) avaliar o cenário no qual a organização está operando; III) avaliar os recursos existentes; IV) determinar a estratégia para alcançar os objetivos estabelecidos e V) delinear um programa de ação para alcançar metas estratégicas selecionadas para programas de longo e curto prazos, discriminando o tipo de recurso no orçamento anual. Por outro lado, Nascimento e Reginato (2007) ilustram as fases do planejamento da seguinte forma:

FIGURA 7 – DIAGRAMA SIMPLIFICADO DO PROCESSO DE PLANEJAMENTO ESTRATÉGICO

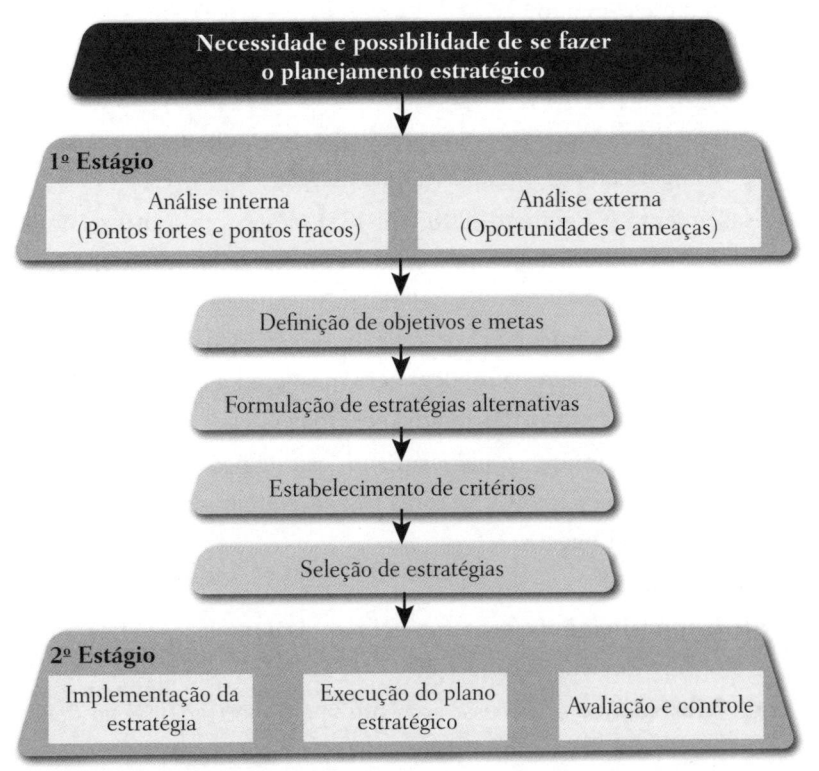

Necessidade e possibilidade de se fazer o planejamento estratégico

1º Estágio
- Análise interna (Pontos fortes e pontos fracos)
- Análise externa (Oportunidades e ameaças)

- Definição de objetivos e metas
- Formulação de estratégias alternativas
- Estabelecimento de critérios
- Seleção de estratégias

2º Estágio
- Implementação da estratégia
- Execução do plano estratégico
- Avaliação e controle

Fonte: Nascimento; Reginato (2007, p. 132).

Os autores mencionam que o modelo de Porter é baseado nas cinco forças competitivas que devem auxiliar na formulação de estratégias. Essas são justificáveis à medida que a empresa deve conhecê-las para se defender ou influenciá-las. Segundo os autores, as cinco forças são:

a) **ameaças de novos entrantes**: os novos entrantes no mercado trazem o aumento de ofertas de produtos, o desejo de obter participações no mercado e, normalmente, razoáveis recursos para se firmarem no mercado;

b) **poder de negociação dos fornecedores**: os fornecedores podem comprimir a rentabilidade do setor que não conseguir compensar o aumento de custos nos próprios preços;

c) **produtos e serviços substitutos**: provocam a redução da rentabilidade de determinado setor industrial e, possivelmente, de seu crescimento;

d) **poder de negociação de clientes**: dependendo do perfil dos clientes, a perda de margens, via redução de preços, é inevitável; e

e) **rivalidade**: provoca redução de lucros e aumento do custo da competição por uma posição no mercado.

Nascimento e Reginato (2007, p. 135), defendem a utilização da matriz SWOT combinada com o modelo Porter, ao afirmarem que as metodologias possibilitam "uma elaboração mais racional e completa do planejamento estratégico. Portanto, ambos os modelos, além de não serem excludentes entre si, podem ser considerados complementares, embora o SWOT tenha uma abrangência maior".

Eles mencionam que o planejamento estratégico tem sido alvo de muitos elogios e críticas. Os autores assim relatam algumas das suas vantagens e desvantagens:

Vantagens:

- **Comunicação:** o processo estimula a comunicação eficaz entre os membros da organização;
- **Motivação:** o processo tem um apelo motivacional ao deixar claro para os membros da organização o que se espera deles em termos de *desempenho*;

- **Padrões:** estabelecimento de padrões de *desempenho* que estimulam a eficácia do processo de planejamento e da própria administração do negócio;
- **Rejuvenescimento/renovação:** encoraja atitudes favoráveis a respeito de mudanças. O diálogo em torno das necessidades de ajuste da empresa ao seu ambiente estimula a diminuição da resistência interna às mudanças, que passam a ser vistas como necessárias;
- **Prioridades:** estabelece prioridades organizacionais. Ao fixar suas metas, a organização define de forma clara qual o direcionamento dado ao empreendimento;
- **Proação:** prática de uma gestão proativa. A análise constante das condições ambientais promove a tomada de decisões antes que a organização seja afetada pelas mudanças de alguma variável;
- **Outros benefícios:** promove a alocação de recursos de forma criteriosa, permitindo à organização alavancar seus resultados, na medida em que a avaliação da necessidade de recursos e sua alocação se dão de forma global; além disso, mantém o equilíbrio da organização no ambiente e concilia o que a empresa pode fazer em termos das oportunidades presentes com o que ela pode fazer em termos de suas forças e fraquezas.

E como desvantagens, os autores mencionam:
- A criatividade dos gestores é substituída por uma metodologia que torna a administração inflexível, considerando-se que o planejamento envolve um processo sistêmico, no qual as decisões são coletivas, ao passo que as decisões individuais são desencorajadas;
- O processo é muito dispendioso, tomando tempo dos principais gestores, que poderiam aplicá-lo nas operações;
- Torna os gestores intranquilos com um processo que prevê resultados baseados em projeções de outras pessoas, mesmo que sejam profissionais experientes;

- Espalha inquietação entre os membros da organização, devido à introdução de mudanças nas formas de se operacionalizarem as atividades;
- A estratégia exige um comprometimento arriscado com uma escolha específica.

Mintzberg (1994 *apud* NASCIMENTO e REGINATO, 2007) tece críticas ao planejamento, afirmando que é difícil imaginar que alguém seja capaz de prever de forma segura o que acontecerá no mercado; outra é a de conceber que profissionais especializados em planejamento, mas que estão longe das operações e do contexto de mercado, possam produzir estratégias eficazes; e, por último, critica a formalização, questionando se é possível, de fato, formular estratégias aplicáveis a partir de uma metodologia sistemática de procedimentos formalizados.

2.2. PLANEJAMENTO TÁTICO

"O planejamento tático é o planejamento estratégico que deve ser formulado nas áreas na empresa" (CROZATTI, 2003, p. 14). Como o planejamento tático se estabelece em um patamar intermediário, isto é, entre o planejamento estratégico e o planejamento operacional, em determinados aspectos acaba se confundindo com um ou outro e, por esse motivo, não é tão frequente na literatura, como os outros dois.

Baldasso (2007) menciona que o planejamento tático é um nível intermediário de planejamento e está hierarquicamente subordinado ao estratégico. No segundo, encontram-se os gerentes de divisões ou de departamentos, cujas decisões estão restritas às suas áreas específicas.

Ansoff (1991) e Welsch, Hilton e Gordon (1988) *apud* Frezatti *et al.* (2007) comentam que o planejamento estratégico permite às empresas se defrontarem e lidarem com o ambiente, sendo realizado pela cúpula da entidade, com horizonte de longo prazo. Nesse caso, seu enfoque reside nos objetivos e nas estratégias globais da empresa, afetando todas as funções gerenciais e ocasionando consequências abrangentes e de longo prazo. Frezatti *et al.* (2007) afirmam que, o planejamento tático, por sua vez, só existe para implementar o primeiro.

O gestor de cada área deve ser o responsável pelo desenvolvimento dos trabalhos nessa fase, devendo contar com o auxílio do gestor do planejamento estratégico. Nas áreas, cada gestor deve procurar fomentar um clima de participação e de envolvimento, principalmente nas pessoas-chave, para que se consiga o melhor conjunto de diretrizes táticas possível. O produto dessa fase é o estabelecimento das diretrizes táticas. Tais diretrizes serão compiladas e consolidadas com as diretrizes táticas das demais áreas na fase seguinte. Nesse sentido, é importante que cada área consiga atingir um nível suficiente de discussão de suas diretrizes, para que, com ideias claras e maduras, possam defender seus interesses e consentir conscientemente com alterações na fase de eliminação de conflitos com as demais áreas (CROZATTI, 2003).

A sistemática de desenvolvimento do planejamento tático pode ser visualizada através da figura 8:

FIGURA 8 – DESENVOLVIMENTO DE PLANEJAMENTOS TÁTICOS

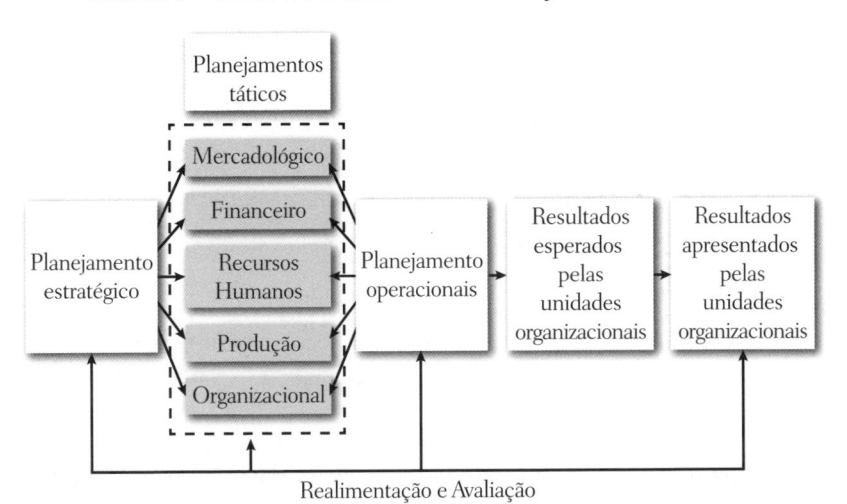

Fonte: Oliveira (1999, p. 47 apud BALDASSO, 2007).

2.3. PLANEJAMENTO OPERACIONAL

O planejamento operacional é a realização propriamente dita das metas estabelecidas no planejamento estratégico e das diretrizes do planejamento tático. Catelli, Pereira e Vasconcellos (2001, p.140) comentam que esse planejamento "consiste na identificação, integração e avaliação de alternativas de ação e na escolha de um plano de ação a ser implementado."

Nascimento, Reginato e Souza (2007, p. 139) comentam que:

> o planejamento operacional tem por origem e natureza parametrizar e direcionar a execução das decisões no processo de gestão. De forma mais específica, ele é a representação **quantitativa** das diretrizes emanadas do planejamento estratégico.

Para Padoveze (2005), o planejamento operacional tem dois elementos condutores de seu processo: I) os produtos e os serviços que serão gerados pelas unidades de negócios e II) as unidades de negócios que serão necessárias para elaborar os produtos e os serviços planejados. Para o autor, esse nível de planejamento prepara o sistema físico-operacional para os gestores desenvolverem atividades operacionais, no processo de execução das atividades de elaboração dos produtos e dos serviços planejados.

Catelli, Pereira e Vasconcellos (2001) afirmam que o processo de planejamento operacional compreende as seguintes etapas:

1. estabelecimento dos objetivos operacionais;
2. definição dos meios e dos recursos;
3. identificação das alternativas de ação;
4. simulação das alternativas identificadas;
5. escolha das alternativas e incorporação ao plano;
6. estruturação e quantificação do plano; e
7. aprovação e divulgação do plano.

Os autores mencionam, ainda, que "esse processo deve acontecer com a participação dos responsáveis pelas áreas funcionais da empresa, para que reflita as condições operacionais adequadas e exista o compromisso com seu cumprimento".

Nessa etapa, cabe à controladoria gerenciar para que os resultados econômicos da empresa sejam otimizados. Há nesse planejamento uma participação mais atuante da controladoria, que desempenha o papel de administradora do planejamento operacional. Como gestora do sistema de informações econômico-financeiras, dispõe de meios para elaboração dos planos operacionais alternativos. Em conjunto com os gestores de cada área, estabelece, quantifica, analisa seleciona e aprova os planos. Cabe, também, à controladoria, transformar os planos operacionais não quantificados em planos orçamentários e, posteriormente, comparar o que foi orçado com o que foi realizado, apontando os desvios para que cada área tome a medida necessária para corrigi-los (MOSIMANN; FISCH, 1999).

Para Nascimento, Reginato e Souza (2007, p. 139), "o planejamento operacional passa a ser a base de controle e avaliação de desempenho, visto ser o parâmetro para qualificar a eficácia atingida pela execução das operações realizadas". Os autores comentam que para que, isso seja possível, o planejamento operacional tem como produto o **orçamento**, correspondente ao detalhamento das operações planejadas, normalmente abrangendo o período de um ano.

O quadro a seguir demonstra um comparativo entre os três níveis do planejamento:

QUADRO 3 – CARACTERÍSTICAS DOS PLANEJAMENTOS ESTRATÉGICO, TÁTICO E OPERACIONAL

Cataterísticas	Estratégico	Tático	Operacional
Prazo	Longo prazo	Médio prazo	Curto prazo
Análise básica	Ramo de atividade e mercado de atuação	Principais componentes de atividades e áreas específicas	Tarefas específicas
Responsáveis pelo processo	Alta administração: diretores, equipes e consultores de administração.	Envolvimento de executivos que formulam o planejamento estratégico e gerentes.	Chefes de divisão que participam do processo de planejamento tático.
Complexidade	Alta. Existem muitas variáveis, pois analisa os ambientes interno e externo e os pontos fortes e fracos.	Alta ou média, mas com um número menor de variáveis, considerando o retorno financeiro, as condições de mercado e os recursos organizacionais.	Baixa. Considera variáveis como a previsão de mercado para cada produto, orçamento, recursos necessários para cada produção etc.

Catacterísticas	Estratégico	Tático	Operacional
Resultados	Declaração genérica que afirma o propósito da organização e define seu ramo de atividade.	Diretrizes que envolvem as seguintes áreas: objetivos financeiros, oportunidades de mercado, orgamização, instalações físicas, período de tempo para a próxima revisão.	Previsões para o período: mudanças internas; produção e cronograma; responsabilidades e orçamento.

Fonte: Terence (2002 *apud* BALDASSO, 2007, p. 19).

Em relação às atividades e funções da controladoria no processo de gestão, há divergência entre os autores no sentido de que uns defendem que a controladoria não toma decisões, ou seja, a ela não cabe decidir, mas apenas subsidiar o processo de gestão e a tomada de decisões; enquanto outros afirmam que a controladoria participa ativamente desse processo, inclusive tomando decisões. O fato é que, tomando decisões ou não, o *controller* participa ativamente do processo de gestão da organização, conforme comentamos a seguir:

Segundo pesquisa elaborada por Borinelli (2006), verificando o posicionamento de autores brasileiros e estrangeiros em relação à participação da controladoria no processo de planejamento, identificaram-se as mais citadas:

- prover suporte informacional;
- assessorar os gestores na definição dos planos;
- coordenar o processo de elaboração do plano;
- consolidar os planos das áreas.

Em relação ao planejamento estratégico, Borinelli (2006, p. 150) afirma que:

> considera-se que a atividade de coordenar o processo de construção do planejamento estratégico é um atividade de controladoria, uma vez que o conjunto de funções que ela desempenha lhe dá condições para realizar tal atividade. Além disso, como consta da definição de controladoria, está em seu escopo fornecer bases conceituais com vistas a controlar o processo de gestão organizacional.

O autor também concorda que a referida ciência reúne todas as condições possíveis para ser responsável pelas atividades de coordenar e de consolidar o processo de planejamento operacional, já que, nessa posição, ela interage fortemente com as demais funções organizacionais, permitindo-lhe criar condições para que os gestores elaborem seus planos, conforme determinação do planejamento estratégico, integrando-os, para que se tenha um plano global, organizado por áreas ou por funções organizacionais.

Borinelli (2006) resume a participação da controladoria no processo de planejamento organizacional, tanto no âmbito estratégico, como operacional, da seguinte forma: I) ser a responsável pelo processo de construção e consolidação dos planos; II) participar ativamente do processo, tomando parte, inclusive, das decisões e III) apenas assessorar, especialmente com informações, os gestores, para que eles planejem. E, para tanto, segundo o autor, desempenha as seguintes atividades:

- participar ativamente das escolhas das diretrizes e definição de objetivos estratégicos, ou seja, tomar decisões em conjunto com os gestores das demais funções organizacionais, sendo a coordenadora desse processo;
- coordenar o processo de construção, como um todo, do plano no âmbito operacional;
- assessorar as diversas unidades e funções organizacionais com informações e aconselhamentos de caráter operacional, econômico, financeiro e contábil; e
- consolidar os diversos planos das unidades e funções organizacionais em um planejamento global integrado e otimizado.

Na estrutura conceitual básica da controladoria estabelecida por Borinelli (2006), a sua função na etapa de execução dos planos compreende:

- auxiliar as diversas unidades e funções organizacionais na aplicação dos recursos planejados;
- dar suporte às diversas unidades e funções organizacionais na implementação dos projetos;

- coordenar os esforços dos gestores das diversas unidades e funções organizacionais na consecução dos seus respectivos objetivos e também dos objetivos da empresa como um todo;
- fornecer apoio informacional sobre o andamento da implementação dos planos.

Já em relação ao controle e à adoção de medidas corretivas, para o autor, as atividades da controladoria podem ser resumidas a:

- gerar informações que contemplem eventos planejados e realizados, a fim de verificar o grau de aderência entre os planos e o real;
- gerar relatórios que apontem desvios em relação ao planejado;
- Interagir com as demais funções e unidades organizacionais no sentido de identificar as causas dos desvios;
- exercer, efetivamente, o controle;
- garantir a eficácia do sistema de controle;
- revisar periodicamente o sistema de controle;
- coordenar o processo de controle;
- em conjunto com as outras funções e áreas organizacionais, identificar as possíveis e necessárias medidas corretivas a serem adotadas;
- avaliar o impacto das medidas corretivas propostas;
- monitorar a implementação das medidas corretivas.

Ressalte-se que, para exercer o controle, a organização e, consequentemente a controladoria, utilizam-se de diversos mecanismos, como os sistemas de controles internos, o gerenciamento de riscos, através de metodologias como a do modelo do *Committee of Sponsonng Organizations of the Treadneay Comission* (COSO), bem como da própria avaliação de desempenho, comentada nos próximos capítulos.

2.4. ORÇAMENTO

O orçamento é ferramenta de controle por excelência de todo o processo operacional da empresa, pois envolve todos os setores da companhia" (PADOVEZE, 2009, p. 197). "É um instrumento importante para o planejamento das empresas a curto prazo. Geralmente um orçamento operacional cobre um ano e inclui as receitas e as despesas previstas para esse ano (ANTHONY; GOVINDARAJAN, 2001, p. 461).

Os autores comentam que, enquanto o planejamento estratégico, precede o orçamento, concentra-se nas atividades que se estendem por um período de vários anos, o processo orçamentário concentra-se em um só ano. Assim, pode-se dizer que o planejamento estratégico proporciona a estrutura na qual o orçamento apoia-se e, de certa maneira, sendo esse último, a fatia de um ano desse planejamento, cabe ao *controller* um importante papel na preparação dos orçamentos.

O orçamento representa o resultado do planejamento operacional e é a quantificação deste e também, é claro, as ações do planejamento estratégico estarão aqui expressas (quantificadas), ou seja, é a operacionalização de uma decisão estratégica (MIRANDA; LIBONATI, 2002).

Anthony e Govindarajan (2001) mencionam que o orçamento tem as seguintes características:

- estima o potencial de lucro;
- é apresentado em termos monetários, embora as cifras possam ser fundamentadas em valores não monetários (como, por exemplo, unidades vendidas ou produzidas);
- cobre geralmente o período de um ano;
- é um compromisso gerencial. Os executivos comprometem-se a aceitar a responsabilidade de atingir os objetivos do orçamento;
- a proposta orçamentária é aprovada por autoridade mais alta do que os responsáveis pela execução do orçamento;
- uma vez aprovado, o orçamento só pode ser alterado sob condições especiais;
- o desempenho financeiro real é comparado com o orçamento, assim as variações são analisadas e explicadas.

"O sistema orçamentário vem formalizar e sistematizar a atividade de planejamento e controle das empresas" (MIRANDA; LIBONATI, 2002, p. 56). Anthony e Govindarajan (2001, p. 463) afirmam que a elaboração de um orçamento tem quatro finalidades principais:

(1) dar forma pormenorizada ao plano estratégico; (2) auxiliar a coordenação das atividades da organização; (3) definir as responsabilidades dos executivos, autorizar limites de gastos que eles podem fazer e informá-los do desempenho que deles se espera e (4) obter o reconhecimento de que o orçamento é o instrumento de avaliação do real desempenho dos executivos.

Os desenvolvimentos teóricos a respeito da elaboração dos orçamentos envolvem várias modalidades, cada uma com suas características, utilidades, vantagens e desvantagens. A figura 9 apresenta as modalidades mais usualmente abordadas: (NASCIMENTO; REGINATO; SOUZA, 2007)

FIGURA 9 – MÉTODOS ORÇAMENTÁRIOS: CARACTERÍSTICAS E APLICABILIDADE

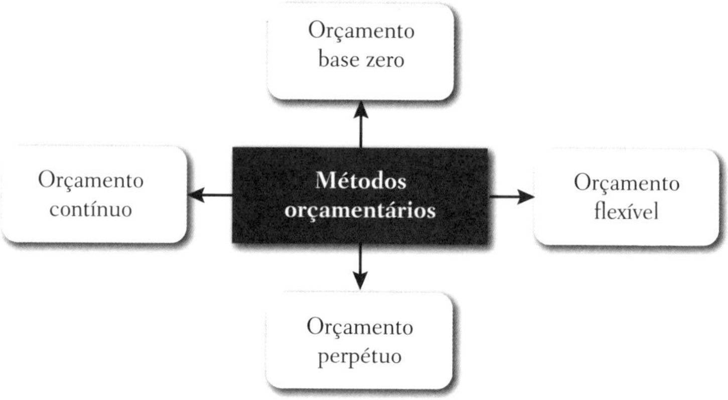

Fonte: Nascimento, Reginato e Souza (2007, p. 141).

Para os autores, esses métodos podem ser assim definidos:

a) **Orçamento contínuo:** é uma forma muito comum de orçamento e possibilita ao gestor ter uma visão ampla sobre o desempenho para o período total considerado, normalmente de um ano. Corresponde a adicionar continuamente um mês seguinte projetado em substituição ao mês decorrido. Assim, o orçamento mantém-se constantemente atualizado e incorporado às melhores alternativas do momento.

b) **Orçamento base zero:** assume o desenvolvimento do plano sob a perspectiva da não existência de um passado, da inexistência da própria empresa, ou seja, parte-se do zero. Esse tipo de orçamento oportuniza o potencial descobrimento de novas formas operacionais como meio de alavancar resultados. Além de eliminar as imperfeições do orçamento baseado em dados históricos, tem também como benefício o envolvimento e a participação do pessoal localizado em um nível organizacional que possui o conhecimento detalhado das operações e que, normalmente, fica excluído do processo orçamentário tradicional.

c) **Orçamento perpétuo:** o orçamento perpétuo (ou estático) tem como premissa a não alteração do nível de atividade adotado na elaboração do orçamento. Ou seja, nessa modalidade não há o reconhecimento dos efeitos provocados por uma atuação em um nível diferente daquele orçado, mesmo que essa alteração seja positiva.

d) **Orçamento flexível:** esse método elimina os efeitos desfavoráveis do orçamento perpétuo. A diferença fundamental entre ambos é que no flexível é respeitada a existência de um nível de atividade real diferente da planejada. Esse método tem como premissa o conhecimento de custos dos produtos fabricados ou de serviços prestados, basicamente compreendendo a classificação dos custos em fixos e variáveis. Somente mediante essa classificação será possível isolar os efeitos (aumento ou redução) dos custos em função de diferentes volumes trabalhados. O método também facilita os trabalhos de simulação para vários cenários alternativos, bastando a inserção de novas variáveis ou a alteração daquelas existentes.

Sob o ponto de vista da sua estrutura global, o plano orçamentário é composto de duas partes básicas: o **orçamento operacional** e o **orçamento financeiro**. O primeiro tem como foco as receitas, custos e despesas operacionais projetadas nas condições estabelecidas para o período orçamentário. Trata, portanto, da quantificação dos recursos envolvidos pelas atividades operacionais da empresa. Já o segundo compreende os efeitos que o orçamento operacional e os planos de investimentos de capital provocarão sobre a estrutura financeira da empresa. Essa parte do orçamento, ao contrário do operacional, representa a posição global da empresa e não a de uma unidade de negócios em particular. (NASCIMENTO; REGINATO; SOUZA, 2007). Nesse sentido, Frezatti (2006 *apud* BORINELLI, 2006, p. 153) menciona que o orçamento financeiro "corresponde à tradução de todas as atividades para uma mesma linguagem comum, no caso a monetária".

Conforme comentamos, o orçamento é o resultado, o produto do planejamento operacional e, como tal, deve envolver as mais diversas áreas da empresa. A figura 10 apresenta uma visão geral e integrada do orçamento global:

FIGURA 10 – FLUXO DO ORÇAMENTO GLOBAL

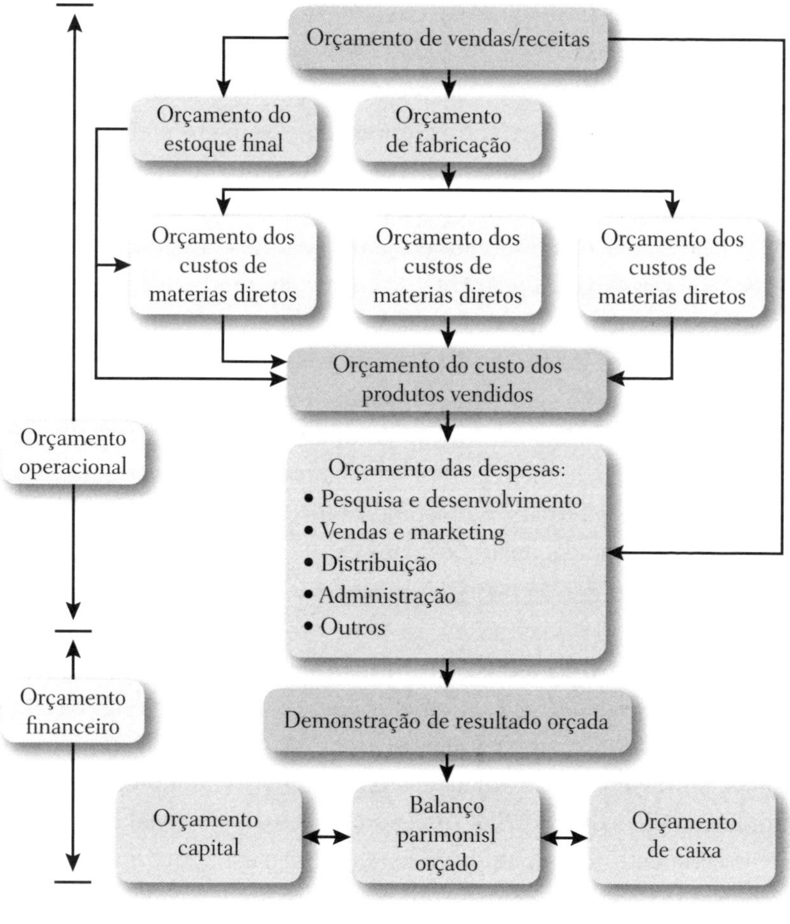

Orçamento de vendas/receitas
Orçamento do estoque final
Orçamento de fabricação
Orçamento dos custos de materias diretos
Orçamento dos custos de materias diretos
Orçamento dos custos de materias diretos
Orçamento do custo dos produtos vendidos
Orçamento operacional
Orçamento das despesas:
• Pesquisa e desenvolvimento
• Vendas e marketing
• Distribuição
• Administração
• Outros
Orçamento financeiro
Demonstração de resultado orçada
Orçamento capital
Balanço parimonisl orçado
Orçamento de caixa

Fonte: Horngren *et al.* (2000 *apud* NASCIMENTO; REGINATO; SOUZA, 2007, p. 144).

Destacam-se dentre os principais tipos de orçamentos operacionais: orçamento de vendas, orçamento de produção e orçamento das despesas operacionais e de caixa, conforme veremos a seguir.

2.4.1. Orçamento de vendas

> O ponto chave do orçamento operacional é o orçamento de vendas, o qual, na realidade, é o ponto de partida de todo o processo de elaboração das peças orçamentárias. Essa colocação deve-se ao fato de que, para a maioria das empresas, todo o processo de planejamento operacional decorre da percepção da demanda de seus produtos para o período a ser orçado. Com isso, o volume de vendas torna-se o fator limitante para todo o processo orçamentário (PADOVEZE, 2009, p. 215).

"Um orçamento de receita (vendas) consiste em uma projeção de quantidades estimadas de vendas, quantidades essas que são multiplicadas pelos preços esperados de venda" (ANTHONY; GOVINDARAJAN, 2001, p. 465). Conforme Padoveze (2009), o orçamento de vendas compreende as seguintes partes:

- previsão de vendas em quantidades para cada produto;
- previsão dos preços para os produtos e seus mercados;
- identificação dos impostos sobre vendas;
- orçamento de vendas em moeda corrente do país.

Para Nascimento, Reginato e Souza (2007, p. 145), "o plano geral de vendas envolve, também, o orçamento das despesas comerciais decorrentes das atividades de propaganda, publicidade, distribuição logística, comissionamento etc."

Quanto à sua elaboração, a responsabilidade compete ao gestor principal de área comercial da empresa. Para tanto, utilizam-se várias técnicas e variáveis: (a) análise de mercado em termos macro e microeconômicos; (b) desempenhos anteriores; (c) concorrência; (d) planos de clientes; (e) tendências e lançamentos de novos produtos e (f) abandono de linhas sobre as quais não mais há interesse etc. (NASCIMENTO; REGINATO; SOUZA, 2007).

Os autores (2007, p. 145) mencionam que:

> à controladoria, juntamente com o responsável pela área comercial, cabe fazer uma análise crítica quanto às consistência e exequibilidade do plano apresentado. O objetivo maior dessa análise é evitar planos super ou subestimados. Além disso, também se busca analisar as condições estruturais da empresa em termos de capacidade produtiva, necessidade de novos investimentos etc.

2.4.2. Orçamento de produção

O orçamento de produção tem por objetivo gerar informações que serão utilizadas pelas unidades organizacionais envolvidas com o processo de produção. A informação gerada corresponde às quantidades a serem produzidas de forma a atender tanto ao volume de venda como ao estoque de produtos acabados, de acordo com a política adotada (NASCIMENTO; REGINATO; SOUZA, 2007, p. 146).

Esse orçamento é quantitativo. O orçamento em quantidade dos produtos a serem fabricados é fundamental para a programação operacional da empresa e dele decorre o orçamento de consumo e compra de materiais diretos e indiretos, bem como é base de trabalho para os orçamentos de capacidade e logística. Assim, são dois dados importantes para o orçamento de produção: I) orçamento de vendas em quantidades de produto e II) política de estocagem de produtos acabados. Com esses dados, mais os das quantidades em estoque de produtos acabados, conclui-se o orçamento de produção (PADOVEZE, 2009).

Nesse sentido, Nascimento, Reginato e Souza (2007) mencionam que dentre as atividades que decorrem desse tipo de orçamento, destacam-se: a programação de produção; o diagnóstico da capacidade produtiva, tornando-se base para avaliação da necessidade de novos investimentos; análise das necessidades de suprimentos de materiais e de pessoal; dimensionamento da estrutura logística necessária; além da produção do custeio do volume produzido, base para mensuração de resultado.

Para os autores, um dos benefícios gerados pelo orçamento de produção é diagnosticar antecipadamente os possíveis conflitos e desajustes que podem ocorrer na execução real das atividades programadas.

Anthony e Govindarajan (2001) relatam que, no sentido de viabilizar o orçamento de produção, muitas empresas utilizam o custo-padrão de matérias-primas e de mão de obra para o volume planejado, bem como de custo dos produtos a serem vendidos, assim os custos orçados pelos executivos da produção podem não ser os das quantidades constantes do orçamento de vendas, pois há adições e reduções a serem levadas em conta, provenientes da disponibilidade de produtos acabados em estoque. Ainda assim, esse tipo de orçamento mantém as suas características e benefícios relatados.

2.4.3. Orçamento de despesas operacionais e de caixa

A terceira fase da elaboração das peças orçamentárias está ligada à orçamentação das despesas departamentais. É a parte mais trabalhosa do orçamento, pois consiste em elaborar pelo menos uma peça orçamentária para cada setor da empresa, a cargo de um responsável. Além disso, a variedade de despesas tende a ser significativa. Não se recomenda o orçamento de despesas de forma sintética, e sim da forma mais analítica possível (PADOVEZE, 2009, p. 245).

O autor comenta que deve ser utilizada a mesma estrutura do plano de contas contábil da empresa, incluindo as contas analíticas, e que diversos aspectos devem ser observados para a elaboração desta etapa do orçamento:

- orçamento seguindo a hierarquia estabelecida;
- departamentalização;
- orçamento para cada área de responsabilidade;
- custos controláveis;
- quadro de premissas;
- levantamento das informações-base;
- observação do comportamento dos gastos;
- orçar cada despesa segundo sua natureza e comportamento.

A partir de tal sistema, os orçamentos são avaliados em função das atividades desenvolvidas por cada uma das entidades organizacionais (os departamento), cujos gerentes responsáveis implicitamente assumem a obrigação de controlar e responder pela sua ocorrência. Da mesma forma, são eles cobrados e avaliados em função das suas propostas e iniciativas que objetivam a alavancagem da eficiência e da eficácia dos gastos realizados (NASCIMENTO; REGINATO; SOUZA, 2007, p. 152).

Para Padoveze (2009), uma série de informações é necessária para o processo de orçamentação dos gastos de todos os setores. Para tanto, é conveniente a preparação de um conjunto de dados que oriente a elaboração de cada peça orçamentária de cada centro de custo como, por exemplo:

- dados e informações do passado, incluindo cálculos de médias (média de gastos por trimestre, semestre, ano);
- dados percentuais já conhecidos a serem aplicados em outros valores a serem orçamentados;
- dados já conhecidos para o próximo exercício (novos salários, novos contratos, quantidade de pessoas etc.).

Assim como o orçamento das despesas torna-se importante ferramenta para o acompanhamento do resultado da empresa, é também relevante o orçamento de caixa.

O orçamento de caixa ou fluxo de caixa projetado "consiste numa estimativa dos recebimentos e dos pagamentos de caixa, provenientes dos níveis de atividades planejados e do uso dos recursos que foram considerados nos vários orçamentos examinados" (FIGUEIREDO; CAGGIANO, 2008, p. 119). Para os autores, o orçamento de caixa é um completo estudo das implicações financeiras do planejamento das saídas de natureza corrente e de capital durante o ano.

Tung (1974) comenta que a receita e o desembolso de caixa precisam estar bem equilibrados na vida de uma empresa, caso contrário, graves distúrbios poderão sobrevir, razão pela qual uma das peças fundamentais do planejamento financeiro é o fluxo de caixa.

Para Anthony e Govindarajan (2001, p. 469), no planejamento financeiro:

> a demonstração do fluxo de caixa orçado mostra as necessidades de recursos durante o ano, que serão supridas pelos lucros auferidos e qual a quantidade de recursos que deve ser obtida por meio de empréstimos de fontes externas.

Os autores comentam, ainda, que esse orçamento mostra as entradas e as saídas de recursos financeiros durante o ano, normalmente por trimestre, além de possuir uma demonstração mensal, que dê atenção às necessidades de curto prazo.

Figueiredo e Caggiano (2008) comentam que o orçamento de caixa é um dos últimos a ser preparado, porque depende dos outros orçamentos do processo orçamentário.

2.4.4. Controle orçamentário

> Somente o planejamento não assegura a realização dos planos; também é necessário que exista controle (FIGUEIREDO; CAGGIANO, 2008, p. 123).

> Não se concebe um plano orçamentário sem o posterior acompanhamento entre os acontecimentos reais *versus* os planejamentos e a análise de suas variações (PADOVEZE, 2009, p. 281).

Figueiredo e Caggiano (2008, p. 123) comentam que "este processo exige que sejam estabelecidos padrões de desempenho, que atuarão como guias para a realização bem-sucedida do planejamento orçamentário". E Padoveze (2009) confirma, mencionando que "a sua base é o confronto dos dados orçados contra os dados reais obtidos pelo Sistema de Informação Contábil". Esse processo só tem sentido, se forem analisadas as variações – realizado x orçado. Para o autor, tal ação permite uma série de análises, identificando o que a causou, alterações no plano, nos preços, nas quantidades, na eficiência etc.

Padoveze (2009) expõe os objetivos principais do controle orçamentário:
- identificar e analisar as variações ocorridas;
- corrigir erros detectados;
- ajustar o plano orçamentário, se for o caso, para garantir o processo de otimização do resultado e eficácia empresarial.

O autor comenta que cada gestor deve efetuar o seu controle orçamentário, pois esse é um dos instrumentos necessários de gestão para otimizar o resultado de cada área de responsabilidade e, a controladoria, deve efetuar concomitantemente o monitoramento de cada uma dessas áreas, bem como da empresa como um todo, propondo as ações corretivas, quando necessário.

Nesse contexto, "todas as peças orçamentárias devem ser objeto de relatórios de acompanhamento em relação ao realmente acontecido" (PADOVEZE, 2009, p. 281). Para o autor, o relatório clássico de controle orçamentário, por tipo de despesa e receita, para todos os centros de custos ou divisões, inclui:

- os valores orçados para o mês em pauta;
- os valores reais contabilizados no mês;
- a variação do mês entre o real e o orçado;
- os valores orçados acumulados até o mês em pauta;
- os valores reais acumulados contabilizados até o mês;
- a variação acumulada entre o real e o orçado até o mês.

O autor comenta ainda que podem ser incluídas as seguintes informações:

- variação percentual do mês;
- variação percentual até o mês;
- total do orçamento do ano (*budget*);
- soma dos dados reais até o mês mais o orçamento restante do ano (*forecast*).

A diferença de valor entre os dados reais e orçados basicamente decorre de dois elementos: quantidade real diferente da quantidade orçada e preço real diferente do preço orçado (PADOVEZE, 2009):

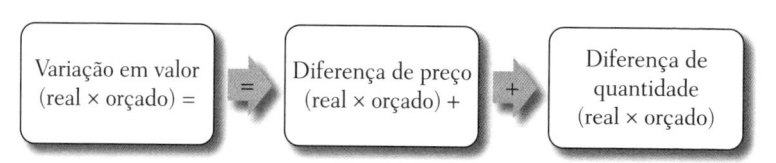

Variação em valor (real × orçado) =	Diferença de preço (real × orçado) +	Diferença de quantidade (real × orçado)

Fonte: Padoveze (2009, p. 282).

Como comentamos, as variações podem se referir a inúmeros fatores ligados aos preços (de materiais, de taxa horária, de custos indiretos variáveis...) ou às quantidades (de materiais, de eficiência de mão de obra, de custos indiretos variáveis...), o importante é que a empresa mantenha o acompanhamento dos seus orçamentos, investigando os motivos que levarem-na às variações, possibilitando a tomada de atitudes corretivas, pois, assim, conseguirá atingir seu objetivo, conforme determinado inicialmente no planejamento.

Em relação à elaboração do orçamento, Borinelli (2006) comenta que cabe à controladoria apenas administrar e coordenar o processo e que a elaboração fica a cargo dos gestores das diversas áreas, que devem ser competentes e possuir habilidades para quantificar seus planos. Para o autor, as atividades que resumem a função de controladoria no processo de elaboração do orçamento são:

- coordenar o processo de construção do orçamento;
- determinar, em conjunto com a alta administração e com as demais funções e unidades organizacionais, as premissas e as diretrizes orçamentárias, à luz dos planos estratégico, tático e operacional;
- assessorar as demais funções e unidades da organização na elaboração dos seus respectivos orçamentos, no que se refere, dentre outros aspectos, aos conceitos de mensuração a serem utilizados;
- consolidar os orçamentos das áreas em um orçamento global para toda a organização, em seus aspectos operacionais, econômicos, financeiros e patrimoniais, buscando a otimização do todo;
- avaliar os orçamentos das unidades, bem como o orçamento consolidado, a fim de verificar se atendem as definições dos planos estratégico, tático e operacional.

EXERCÍCIOS DE FIXAÇÃO

01. FCC – Assembleia Legislativa de São Paulo – 2010 – Agente Técnico Legislativo Especializado – Gestão de Projetos

O método do Ciclo PDCA está associado ao conceito de:
a) análise do ambiente concorrencial.
b) *job enrichment.*

c) planejamento estratégico.
d) *benchmarking*.
e) melhoria contínua de processos.

Gabarito: letra E

Comentário: tanto a análise do ambiente concorrencial como o planejamento estratégico estão incluídos no ciclo PDCA, ou seja, são atividades necessárias à eficiência do ciclo, no entanto, o seu foco, a sua essência está justamente na busca da melhoria contínua de processos.

02. FCC – TRT 4a Região – 2011 – Técnico Judiciário – Área Administrativa

O Ciclo PDCA tem como objetivo:
a) a melhoria contínua de processos de gestão.
b) a definição dos objetivos estratégicos da organização.
c) o aceleramento da qualificação do quadro funcional.
d) o aperfeiçoamento do *benchmarking* da organização.
e) a melhoria do ambiente concorrencial da organização.

Gabarito: letra A

Comentário: a questão está construída na mesma linha da anterior, ou seja, inclui diversos elementos que fazem parte do ciclo PDCA, no entanto, pergunta sobre o seu objetivo: a melhoria contínua do processo de gestão.

03. Indique se as frases a seguir são verdadeiras (V) ou falsas (F).

( ) O controle é uma das fases do processo administrativo destinado a obter informações sobre o ambiente da organização.

( ) São elementos do processo de controle a definição de padrões, a obtenção de informações, a comparação, a tomada de decisão e a ação.

( ) O controle só deve ser exercido no final da linha de produção, visto que possibilita a prevenção de erros e o descarte de produtos fora do padrão.

( ) As informações relativas ao controle podem ser obtidas por meio de inspeção visual, dispositivos mecânicos, questionários, sistemas informatizados, gráficos, relatórios e mapas.

Escolha a opção correta.

a) F, V, F, V
b) V, F, V, F
c) F, F, V, V
d) F, V, V, V

Fonte: http://www.candidatoreal.com.br

Gabarito: letra A

Comentário: a primeira assertiva está incorreta porque a fase destinada à obtenção de informações do ambiente da organização é a primeira, isto é, a fase de planejamento, mais especificamente no planejamento estratégico. A terceira assertiva também é falsa porque, embora o controle seja a última fase do processo de gestão, ele não ocorre por último efetivamente, uma vez que a execução e o controle ocorrem concomitantemente. Somente assim, a empresa tem condições de identificar as suas falhas e tomar as medidas corretivas em tempo hábil.

04. Analista de Planejamento, Orçamento e Gestão – Governo do Estado de Pernambuco – Secretaria da Administração – SAD--PE – Cargo 2

O planejamento estratégico é uma das ferramentas mais importantes da administração contemporânea. Afinal, com o aumento da competição nos mercados, as empresas não podem errar ao tomar certas decisões. Portanto, é necessário estruturar muito bem suas operações e suas interações com o ambiente. A respeito desse instrumento, assinale a opção correta.

a) O planejamento estratégico funciona como instrumento para medir o desempenho organizacional.
b) Por se tratar de área-meio, o gerenciamento de projetos não possui função estratégica.

c) O clima organizacional não afeta a formulação da estratégia organizacional; essa estratégia é imposta aos subordinados.
d) O planejamento estratégico é uma das ferramentas responsáveis pelo direcionamento organizacional e define a missão e a visão da empresa.
e) As competências necessárias para a execução do planejamento estratégico são iguais à competência da liderança, ou seja, inerentes à pessoa.

Gabarito: letra D

Comentário: na letra "a", a avaliação de desempenho ocorre basicamente nas etapas de execução e controle do processo de gestão, e, para tanto, há diversos instrumentos como a utilização de índices e indicadores, o *balanced scorecard*, dentre outros. Na letra "b", o gerenciamento de projetos deve estar alinhado ao planejamento e, portanto, pode possuir função estratégica. A letra "c" está incorreta porque o clima organizacional, assim como o modelo de gestão da empresa, influenciam de forma significativa na formulação da estratégia. A letra "d" está correta porque é justamente o início de todo o processo de gestão, em que se vai definir a missão e a visão da empresa, ou seja, o planejamento operacional e a sua execução dependerão da missão e da visão da organização. A letra "e" está incorreta porque as competências necessárias para a execução envolvem uma série de fatores estruturais da organização, bem como do sistema de controle.

05. Analista de Planejamento, Orçamento e Gestão – Governo do Estado de Pernambuco – Secretaria da Administração – SAD-PE – Cargo 2

As variáveis externas e não controláveis pela empresa, que podem criar condições favoráveis ao seu posicionamento estratégico, desde que sejam mantidas as condições e(ou) o interesse de usufruí-las, constituem

a) pontos fortes;
b) ameaças;
c) oportunidades;

d) ganhos de escala;
e) sinergia operacional.

Gabarito: letra C

Comentário: os pontos fortes se referem à estrutura interna da organização. As ameaças dizem respeito às variáveis externas que podem trazer problemas para a empresa, criando condições desfavoráveis. A letra "c" está correta, pois o conceito diz respeito a oportunidades. A letra "d" se refere a uma otimização do seu processo produtivo, alcançando a máxima utilização dos resultados e a letra "e" se refere a uma espécie de ganho de escala que acontece na união de empresas (fusão, redes etc.).

06. Analista de Planejamento, Orçamento e Gestão – Governo do Estado de Pernambuco – Secretaria da Administração – SAD-PE – cargo 2

A análise *swot* é uma ferramenta que auxilia a administração estratégica da organização. Acerca dessa ferramenta, assinale a opção correta.

a) A taxa de crescimento do produto no mercado e a lucratividade trazem à organização os eixos que delineiam a matriz *swot*.

b) Assim como o diagrama de Pareto, a matriz *swot* permite identificar parâmetros de comparação essenciais às atividades de planejamento e desenvolvimento organizacional.

c) O diagrama de Ishikawa e a análise *swot* possuem a mesma finalidade: gerenciar processos de mudança organizacional é a principal função de ambos.

d) Análise *swot* é o modelo de análise de ambiente que leva em consideração tanto o exterior como o interior da organização.

e) Escolher a maior empresa concorrente do mercado e passar a copiar os seus métodos possibilita obter as mesmas oportunidades que o concorrente conseguiu. Esse modelo consiste na aplicação invertida da análise *swot*.

Gabarito: letra D

Comentário: a análise *SWOT* é uma ferramenta usada para analisar o cenário em que a empresa se insere. Efetua uma análise do ambiente externo da organização, através da identificação das suas oportunidades e ameaças, e também inclui o ambiente interno, identificando seus pontos fortes e pontos fracos.

07. Analista de Planejamento, Orçamento e Gestão – Governo do Estado de Pernambuco – Secretaria da Administração – SAD-PE – Cargo 2

Em uma análise SWOT, realizada em certa organização, foi detectada a inexistência de colaboradores capacitados em quantidade suficiente. Com base nesse diagnóstico da análise SWOT, pode-se afirmar que se trata de um caso de:
   a) capacidade;
   b) oportunidade;
   c) ameaça;
   d) força;
   e) fraqueza.

Gabarito: **letra E**

Comentário: na mesma linha da questão anterior, a situação relatada apresenta uma fraqueza, ou seja, um ponto fraco relativo a estrutura interna da empresa. Já as oportunidades e ameaças dizem respeito ao ambiente externo.

08. A análise SWOT é uma técnica muito utilizada pelas organizações que utilizam a administração estratégica para compreender as relações da organização com o seu ambiente organizacional. Tal técnica **significa**:
   a) Análise dos pontos fortes e pontos fracos, no ambiente interno, e das oportunidades e ameaças, no ambiente externo.
   b) Análise dos pontos fortes e pontos fracos, no ambiente externo, e das oportunidades e ameaças, no ambiente interno.

c) Análise dos objetivos e da missão organizacional no ambiente interno, e das estratégias e táticas, no ambiente externo.

d) Análise das estratégias mercadológicas e financeiras no ambiente externo, e do quadro de pessoal e da produção, no ambiente interno

Fonte: http://www.candidatoreal.com.br

Gabarito: letra A

Comentário: mesmo comentário das questões anteriores. No item "b", os conceitos estão invertidos. Na letra "c", as estratégias e táticas se referem a como a empresa irá se comportar, como gerenciará internamente seus recursos para fazer frente ao ambiente externo. A letra "c" restringe muito as variáveis do ambiente interno e externo, restando a letra "a" como alternativa correta.

09. Na elaboração do planejamento estratégico, o diagnóstico estratégico apresenta determinados componentes que relacionam a empresa com variáveis controláveis e variáveis não controláveis contidas no ambiente que a envolve. As variáveis não controláveis se encontram no ambiente:

a) interno da organização, indicando seus pontos fortes e pontos fracos;

b) externo da organização, indicando as oportunidades, pontos fortes e os riscos de investimentos;

c) interno e no ambiente externo da organização;

d) externo da organização, indicando suas oportunidades de negócios e os riscos de investimentos.

Fonte: http://www.candidatoreal.com.br

Gabarito: letra D

Comentário: as variáveis não controláveis são justamente as que estão no ambiente externo, podendo ser oportunidades ou ameaças para a organização. Já em relação às variáveis internas, a empresa possui determinados mecanismos para controlá-las, pois estão sob seu domínio.

10. CESPE – 2007 – TRE-PA – Analista Judiciário – Área Administrativa

Após a seleção e o estabelecimento dos objetivos organizacionais, é preciso definir a estratégia e as táticas para alcançá-los. Nesse sentido, é correto afirmar que:

a) a estratégia, como um fim, é definitiva, não devendo ser reavaliada e revista periodicamente;

b) a estratégia deve ser decidida no nível institucional da organização e sua orientação deve ser voltada para o longo prazo;

c) o planejamento estratégico está circunscrito à análise do ambiente externo à organização, enquanto a análise das condições internas é objeto dos planos táticos e operacionais;

d) a tática envolve a totalidade da organização, em todos os seus níveis, enquanto a estratégia é específica para as circunstâncias que se relacionam a cada unidade ou setor do ente ou entidade;

e) a análise da conjuntura econômica e das tendências sociopolíticas não integra as ações do planejamento tático ou estratégico, pois elas são variáveis sobre as quais a organização não pode atuar.

Gabarito: letra B

Comentário: na questão "a", a estratégia obviamente não é algo que se revise diariamente, porém não é definitiva, já que a empresa precisa reavaliá-la periodicamente para que possa se manter competitiva. A alternativa "b" está correta, pois a estratégia deve estar voltada para o longo prazo, no entanto, as suas ações podem ser de médio e curto prazos. A letra "c" está incorreta porque a análise das condições internas devem ser realizadas no planejamento estratégico. A letra "d" está incorreta porque os conceitos estão invertidos. Na letra "e", a conjuntura econômica e as tendências sociopolíticas, embora pertencentes ao ambiente externo e, portanto, não controláveis, devem constar nas ações do planejamento, para que a organização possa avaliar seus impactos e tomar medidas que diminuam seus efeitos.

11. FUNRIO – 2010 – SEBRAE-PA – Analista Técnico – Logística

A empresa Lojas Rick Ltda é a terceira maior rede de lojas de departamentos de vestuário no Brasil, com uma trajetória de pioneirismo e qualidade. Sediada na região Nordeste do país, está presente também, com forte atuação, nas regiões Norte e Centro-Oeste. Possui uma cultura corporativa sólida e uma gestão voltada para superar as expectativas dos clientes com produtos de qualidade e preços acessíveis. Em sua última reunião no mês de novembro de 2009, a diretoria de marketing, seguindo as diretrizes estabelecidas pela companhia, elaborou o seu plano de ação para, a partir do ano de 2010, penetrar também nos mercados da região Sudeste. Estão previstas a forte utilização da mídia televisiva e escrita, assim como a realização de vários eventos de moda patrocinados pela marca. No que tange à abrangência do planejamento, a diretoria de marketing das Lojas Rick está desenvolvendo que tipo de planejamento?

a) Planejamento tático.
b) Planejamento adaptativo.
c) Planejamento estratégico.
d) Planejamento operacional.
e) Planejamento plurianual de investimento.

Gabarito: letra A

Comentário: a situação apresentada se refere especificamente ao planejamento tático, o nível intermediário de planejamento, isto é, a segregação do planejamento estratégico no nível das áreas da empresa, como é o caso de departamento de marketing.

12. CESPE – 2011 – Correios – Analista de Correios – Administrador

Com relação ao planejamento organizacional, julgue os seguintes itens.

Há relação de encadeamento entre o planejamento estratégico, o tático e o operacional: o planejamento operacional especifica as etapas de ações para se alcançarem as metas operacionais, as quais sustentam as atividades do planejamento estratégico.

( ) Certo ( ) Errado

Gabarito: Errado

Comentário: a questão está errada porque os conceitos estão invertidos, ou seja, o planejamento estratégico é que dá o suporte para as ações do planejamento operacional.

13. CESGRANRIO – 2010 – Eletrobrás – Administrador

Uma das funções do administrador é planejar. O planejamento constitui a base para a ação da organização, seja no seu âmbito interno, como no seu âmbito externo. Nesse contexto, o planejamento:

a) é elaborado no nível institucional e não há desdobramentos deste para os demais níveis da organização, já que o planejamento estratégico considera o ambiente externo;

b) pode ser estratégico ou operacional, e o primeiro se diferencia do segundo em horizonte de tempo, escopo e funções envolvidas na sua execução;

c) é realizado objetivando o longo prazo e, nesse caso, é denominado de planejamento operacional, especificando os seus objetivos genéricos;

d) elimina a necessidade de mudanças na organização, já que, através da metodologia aplicada à sua elaboração, consegue-se controlar as variáveis do mercado;

e) possibilita a eliminação da função controle, já que, no planejamento, são estabelecidos os objetivos e os padrões que serão adotados na empresa.

Gabarito: letra B

Comentário: a letra "a" está errada porque, para que o planejamento seja passível de execução precisa ser necessariamente desdobrado para os demais níveis da organização. A letra "c" também está errada e a sua justificativa também se refere à correção da letra "b", ou seja, o planejamento estratégico é mais institucional e, portanto, possui uma visão mais a longo prazo, já o operacional é o detalhamento das ações voltadas mais para o curto prazo, oportunizando a sua execução. A letra "d" está incorreta porque as variáveis do ambiente externo não são controláveis, o que obriga a empresa à constante adaptação.

capítulo · 3

Gestão e controladoria

Conforme o dicionário Michaelis, gestão significa o "ato de gerir; administração; direção". Para Mosimann e Fisch (1999, p. 28):

> a abordagem do conceito de gestão requer o conhecimento da etimologia da palavra gestão, a qual deriva do latim *gestione*, que quer dizer ato de gerir, gerência, administração. Portanto, gestão e administração são sinônimos.

Nakagawa (1993, p. 39) menciona que *"gestão* é a atividade de se conduzir uma empresa ao atingimento do resultado desejado (eficácia) por ela, apesar das dificuldades". Nesse sentido, Guerreiro (1989 *apud* SANTOS, 2005) corrobora afirmando que a gestão se caracteriza pela atuação interna da empresa, no sentido de otimizar as relações recursos-operações-produtos/serviços, considerando nesse comportamento as variáveis dos ambientes interno e externo que impactam as atividades da empresa em seus aspectos operacionais, financeiros, econômicos e patrimoniais.

Para Pereira (2001), comparativamente a um organismo vivo, a gestão é uma energia responsável pela "vida" do sistema-empresa, que o impulsiona em todas as suas atividades, e também é responsável por sua dinâmica, pela qualidade de suas respostas ao ambiente, pela manutenção do equilíbrio em sua estrutura e pela definição de seus objetivos, isto é, pela eficácia do sistema-empresa como um todo.

Como já comentado, a controladoria atua nas inúmeras atividades ligadas ao controle do processo de gestão organizacional e, nesse aspecto, gestão e controladoria estão intimamente ligadas. Borinelli (2006) menciona que os conceitos de gestão presentes na administração são empregados pela controladoria para balizar os fundamentos teóricos que serão utilizados para o controle do processo de gestão organizacional. O autor também expõe que a referida ciência traz em seu bojo conceitos de mensuração, de avaliação e de controle de recursos, de forma que a gestão possa atuar eficiente e eficazmente.

Essa inter-relação pode ser notada em todo o processo decisório, passando pelo modelo de gestão, pelo sistema de avaliação de desempenho e pelo estabelecimento de planos estratégicos, conforme podemos ver a seguir.

3.1. PROCESSO DECISÓRIO

Alguns autores consideram o processo decisório como sinônimo do processo de gestão, isto é, composto pelo planejamento, execução e controle. Por outro lado, outros o relacionam especificamente com o processo de tomada de decisão. Assim, abordaremos o processo decisório nessas duas perspectivas, pois a controladoria está intimamente relacionada a essas duas visões e, na verdade, não são perspectivas excludentes, mas complementares e extremamente importantes para o sucesso da organização.

O processo de gestão:

> também denominado de **processo decisório** é um conjunto de processos decisórios e compreende as fases do planejamento, da execução e do controle das empresas, de suas áreas e atividades (PADOVEZE, 2009, p. 27).

Para o autor, o processo de gestão não se limita ao planejamento, mas inicia-se a partir dele e incorpora todas as etapas da execução das atividades, bem como as do seu controle.

Nesse sentido, Catelli, Pereira e Vasconcelos (2001, p. 136) afirmam que:

> processo de gestão econômica é, na realidade, um grande processo de controle, que tem por objetivo assegurar a eficácia empresarial, atividade esta que tem sido caracterizada pelos teóricos da administração como um contínuo processo de tomada de decisões.

Por outro lado, Moritz e Pereira (2006, p. 11) afirmam que:

> o processo decisório está vinculado à função de planejamento inserido no corpo maior das ciências da administração. Alguns autores o consideram a essência da gestão, outros o entendem como uma etapa desta função e ainda pode ser visto como um caminho que induz as pessoas a produzir decisões.

O processo decisório tem seu início no entendimento das crenças e dos valores dos controladores da entidade e, para que a controladoria possa exercer suas atividades com sucesso, é fundamental que estejam explícitos, pelo menos nos seguintes fatores: I) o negócio da entidade; II) as principais crenças e valores dos controladores; III) a real missão da entidade e IV) a visão de futuro que deverá ser buscada pelos gestores (SCHMIDT; SANTOS, 2006). Esses fatores compõem o modelo de gestão da empresa, comentado a seguir.

No entanto, Nascimento, Machado e Reginato (2007) comentam que esse modelo de gestão, por si só, não garante que as decisões sejam sempre tomadas visando aos interesses da organização, pois os decisores também têm os seus próprios objetivos e, nesse contexto, existem alguns fatores que podem afetar a decisão do gestor: (a) a não exploração pelo gestor de todo leque de alternativas de escolha disponíveis e (b) a incongruência entre os interesses do gestor e os da empresa. Os autores comentam que, em ambos os casos, as consequências da decisão podem ser apenas satisfatórias e não aquelas que realmente poderiam ser produzidas.

Vale lembrar que, além dos fatores relatados, as decisões sofrem influências das variáveis do ambiente externo e, sobre essas, o gestor não tem poder, pois não são controláveis, o que demonstra a complexidade desse processo e a necessidade de um modelo que torne o processo de tomada de decisão o mais adequado possível, auxiliando a empresa quanto ao atingimento de seus objetivos. Esse processo é denominado **modelo de decisão**.

Parisi e Nobre (2001, p. 127) dizem que:

> o modelo de decisão deve ser um facilitador do entendimento da realidade, propiciando ao gestor antecipar e mensurar os efeitos das possíveis alternativas de ação sobre determinado evento, ou seja, as decisões devem ser tomadas sobre os eventos.

Já Nascimento, Machado e Reginato (2007, p. 56) comentam que "as decisões são tomadas seguindo-se um modelo básico que orienta o gestor quanto às etapas que devem ser seguidas para as soluções dos problemas decorrentes das operações da empresa". Essas etapas podem ser visualizas na figura a seguir:

FIGURA 11 – ETAPAS DO PROCESSO DECISÓRIO

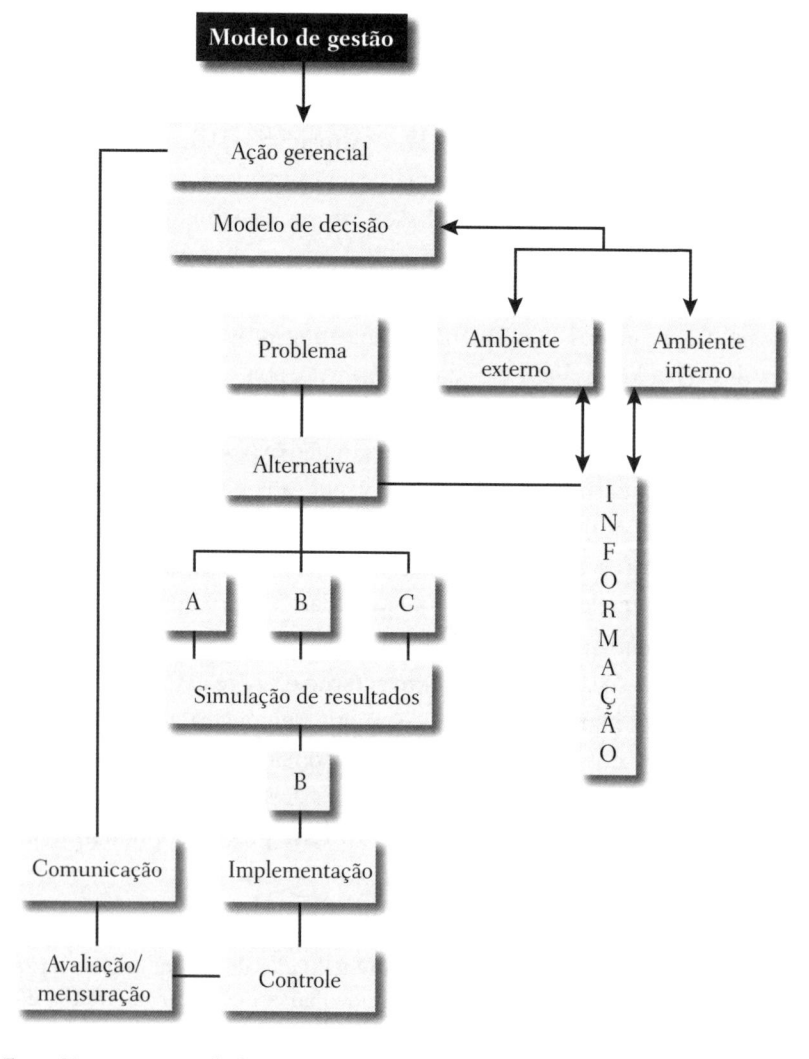

Fonte: Nascimento, Machado e Reginato (2007, p. 56).

Conforme os autores, as etapas do processo decisório são: a) constatação do problema; b) familiarização e análise do problema; c) identificação das alternativas de solução; d) simulação dos resultados potenciais de cada alternativa; e) escolha da melhor entre todas as alternativas; f) implementação da escolha efetuada e g) controle da implementação e *feedback*.

Um fator importante nesse modelo é a estrutura das situações que requerem a tomada de decisões. Podem ser classificadas em três tipos: decisões estruturadas, decisões semiestruturadas e decisões não estruturadas. Essa classificação, segundo Nascimento, Machado e Reginato (2007), pode ser assim definida:

- **Decisões estruturadas:** são aquelas repetitivas, cujos passos são previsíveis e passíveis de serem incorporados em um sistema de informação. Por exemplo, as decisões de compra de matérias-primas, para as quais já se conhecem os fornecedores e se tem ciência de que o julgamento da melhor alternativa envolve avaliação e comparação, de preços, prazos de entrega, qualidade e outros aspectos conhecidos, intrínsecos ao ramo de atividade da empresa.

- **Decisões semiestruturadas:** podem ser sistematizadas até um certo ponto, dependendo de estruturas mais complexas do sistema de informação, de modo que os resultados esperados de cada alternativa de escolha sejam cotejados rigorosamente a partir dos mesmos critérios. Nessas situações, parte do problema pode ser incorporada ao sistema de apoio às decisões. E pode-se usar os sistemas de simulação para ampliar a visão do decisor sobre as consequências que a tomada de decisão pode causar a outras atividades organizacionais.

- **Decisões estruturadas:** as decisões estruturadas são aquelas para as quais a capacidade de julgamento do gestor é ainda mais requerida, e o nível de complexidade do sistema de apoio às decisões é ainda maior, uma vez que os resultados podem ser incertos. Tais problemas de decisão envolvem, em sua grande parte, situações novas para a organização, ou variáveis sobre as quais se tem pouco ou nenhum controle, exigindo, desse modo, um alto grau de inferências e de experiência, percepção e intuição daqueles por elas responsáveis.

A controladoria deve acompanhar os desdobramentos econômicos e operacionais das decisões, mantendo os gestores informados quanto a eventuais variações que ocorrerem entre os resultados esperados e aqueles efetivamente realizados. Assim, a controladoria proporciona meios para que ações corretivas sejam tomadas, acercando a gestão de um mecanismo de segurança que permita vislumbrar que os objetivos organizacionais estão sendo coerentemente buscados e alcançados, de acordo com as expectativas da administração da empresa (NASCIMENTO; MACHADO; REGINATO, 2007).

3.2. PLANO ESTRATÉGICO

O plano estratégico é entendido por alguns autores como divisão das etapas do planejamento estratégico, confundindo-se, muitas vezes, com este, ou com os demais planejamentos (tático e operacional) e, em alguns, até com a execução. Essa confusão é natural, visto que o plano envolve elementos do planejamento até sua execução. Também por esse motivo o plano estratégico não é mencionado em muitas das obras sobre o assunto.

Para Schmidt e Santos (2006, p. 32):

> o plano estratégico busca traçar em termos gerais as características e objetivos da entidade. Ele inicia-se com o período presente e estende-se ao período mais remoto selecionado como sendo útil e possível para os propósitos do planejamento da entidade.

Para os autores, o plano estratégico concentra a atenção nas necessidades, nos perigos e nas oportunidades que a entidade deverá enfrentar nos próximos anos.

Calazans (2007) comenta que dividir o planejamento estratégico em atividades não é uma tarefa fácil. Daí a necessidade de um plano.

Para o autor, visando tal formulação, deve-se enxergar um horizonte de longo prazo, porém nada impede de revê-lo em curto ou médio prazos.

Para Schmidt e Santos (2006), é preciso considerar os pontos fortes e fracos do ambiente externo, bem como fatores do ambiente interno para se formular as estratégias. Já Anthony e Govindarajan (2001) mencionam que um plano estratégico normal cobre um período de cinco anos, suficientemente longo para mostrar as consequências das decisões correntes. Os autores comentam, ainda, que muitas empresas preparam planos mais superficiais para períodos que compreendem mais de cinco anos e, em outras, os planos estratégicos incluem apenas as três funções fundamentais seguintes.

3.3. SISTEMA DE AVALIAÇÃO DE DESEMPENHO

Como comentamos nos capítulos anteriores, o processo de gestão desdobra-se em três funções fundamentais: o planejamento, a execução e o controle.

O controle é a função responsável por avaliar o desempenho da organização como um todo, comparando resultados alcançados e planejados, permitindo correções de rumo, sempre que se fizerem necessárias (PADOVEZE, 2009).

Para Müller (2003), a avaliação de desempenho corresponde à medição dos processos e dos resultados e sua comparação com os objetivos predeterminados, ou seja: não basta escolher uma rota; é preciso medir se a organização está nela.

A controladoria, como unidade administrativa, é a grande responsável pelos processos de avaliação de desempenho, como centralizadora das informações necessárias à efetivação da avaliação e conta com a independência necessária para avaliar gestores e unidades (NASCIMENTO, LERNER e REGINATO, 2007).

A contínua busca de eficácia e a melhoria das organizações têm produzido uma série de indicadores destinados à avaliação de desempenho, com os mais variados enfoques e utilidades. Em função do objetivo e do desempenho a ser avaliado, caberá à controladoria reconhecer o indicador mais adequado.

A avaliação de desempenho é necessária porque a organização certifica-se "de que o sistema-empresa esteja funcionando da melhor forma possível" (NASCIMENTO; LERNER e REGINATO, 2007, p.163).

A controladoria pode auxiliar no processo de avaliação de desempenho, na elaboração dos padrões que serão utilizados para a comparação e no monitoramento dos resultados da empresa e dos gestores. É responsável, também, pelo *feedback* aos administradores e aos avaliados (NASCIMENTO; LERNER e REGINATO, 2007, p. 161).

A avaliação de desempenho somente poderá ser implementada de forma satisfatória se utilizar indicadores confiáveis e capazes de mensurar o desempenho dos gestores e das unidades de negócio.

De acordo com Horngren, Sundem e Stratton (2004), um sistema de controle gerencial bem projetado desenvolve e relata as medidas de desempenho financeiras e não financeiras. Por vezes, os gestores priorizam as medidas financeiras como lucro ou variações de custos, uma vez que são de mais fácil obtenção, diretamente do sistema de contabilidade.

Os mesmos autores ainda argumentam que os efeitos de um desempenho não financeiro ruim, como falta de aprendizagem organizacional ou baixa satisfação de clientes, não aparecem nos indicadores financeiros até que já se tenha perdido muito tempo. Sendo que, normalmente, esses indicadores são medidas defasadas, pois relatam, já muito tarde, dados para auxiliar a solução de problemas, assegurando a saúde da organização.

Também vale mencionar que medidas não financeiras são muitas vezes mais fáceis de quantificar e de entender. Assim, além de os colaboradores serem motivados em direção ao alcance das metas de desempenho, essas medidas podem sinalizar aos gestores quase que instantaneamente quando perceberem algum problema em um indicador não financeiro. Esse fato pode diminuir o tempo de *feedback*, como perdas desnecessárias durante os processos da organização.

Medidas de desempenho adequadas deveriam ter as seguintes características (HORNGREN, SUNDEM e STRATTON, 2004):

- relatar as metas organizacionais;
- equilibrar os interesses de curto e longo prazos;
- refletir a gestão das ações e atividades-chave;
- serem afetadas por ações dos gestores e dos empregados;
- serem utilizadas na avaliação e na recompensa de gestores e empregados;
- serem razoavelmente objetivas e fáceis de mensurar;
- serem utilizadas consistente e regularmente.

3.4. MODELO DE GESTÃO

O ambiente externo no qual as organizações estão inseridas é caracterizado pelas incerteza, turbulência ambiental e alta competitividade econômica. Esses fatores podem dificultar a condução das empresas e, inclusive, afetar os seus resultados.

Somado às variáveis externas, há o ambiente interno da organização e seus componentes, que desafiam a consecução dos melhores resultados. Esses fatores internos constituem-se de pessoas com seus próprios objetivos, as diversas áreas funcionais e a demanda por diferentes níveis de consumo de recursos (NASCIMENTO e REGINATO, 2007).

Cada indivíduo é dotado de crenças e valores particulares. Algumas são fruto do ambiente em que se viveu, outras são trazidas desde o nascimento. Através de suas crenças e valores, os proprietários da empresa procuram controlar seus administradores por meio de contratos de agenciamento (NASCIMENTO e REGINATO, 2007).

De acordo com a escola comportamental da administração, o modo de se portar das pessoas na organização não é racional; ele obedece a um impulso social e é determinado pela influência de um grupo formado por diversas pessoas (NASCIMENTO e REGINATO, 2007).

Para Linda Smircich (*apud* FLEURY e FISCHER, 1996) o tema "cultura organizacional" se distingue em duas grandes linhas de pesquisa: a cultura como uma variável, como alguma coisa que a organização tem; a outra linha concebe cultura como a raiz da própria organização, algo que a organização é.

Fleury e Fischer (1996) apontam que há autores que definem a cultura como uma variável independente, externa à organização (a cultura da sociedade em que se insere a organização e que é trazida para dentro por seus membros).

Para Edgar Schein (1985), cultura organizacional é o conjunto de pressupostos básicos que um grupo inventou, descobriu ou desenvolveu ao aprender como lidar com os problemas de adaptação externa e integração interna e que funcionaram bem o suficiente para serem considerados válidos e ensinados a novos membros como a forma correta de perceber, pensar e sentir em relação a esses problemas.

Ou, ainda, a cultura organizacional pode ser vista como o conjunto de pressupostos que orientam o modo de pensar, sentir e agir dos membros da organização. Ela tem sido apontada como um fator de influência no processo de planejamento: favorável, quando a estratégia delineada e o processo de sua formação se mostram congruentes com a cultura organizacional; desfavorável, às vezes intransponível, quando a cultura e o processo estratégico entram em choque.

A cultura da organização pode ser classificada em vários níveis: o dos artefatos visíveis: compreende o ambiente construído da organização, arquitetura, *layout*, a maneira de as pessoas se vestirem, os padrões de comportamento visíveis; já os níveis de valores que governam o comportamento das pessoas e o dos pressupostos inconscientes, são aqueles que determinam como os membros de um grupo percebem, pensam e sentem (FLEURY e FISCHER, 1996).

3.4.1 Definição de cultura organizacional

Várias são as definições encontradas na literatura para o conceito de cultura organizacional, aqui serão apresentadas apenas algumas.

Para Fleury e Fischer (1996), cultura organizacional é concebida como um conjunto de valores e de pressupostos básicos, expresso em elementos simbólicos, que, em sua capacidade de ordenar, atribuir significações, construir a identidade organizacional, tanto agem como elemento de comunicação e consenso, como ocultam e instrumentalizam as relações de dominação.

Segundo Barney (1986), o conceito de cultura organizacional é como um conjunto complexo de valores, crenças, pressupostos e símbolos que definem o modo através do qual a firma conduz seus negócios.

Para Robbins (2002), cultura organizacional se refere a um sistema de valores, compartilhado pelos membros de uma organização e que a diferencia das demais. Esse sistema é, em última análise, um conjunto de características-chave que a organização valoriza. As pesquisas sugerem que existem sete características básicas (inovação e assunção de riscos, atenção aos detalhes, orientação para os resultados, orientação para as pessoas, orientação para a equipe, agressividade e estabilidade) que, em seu conjunto, capturam a essência da cultura de uma organização.

3.4.2. Formação da cultura

A formação de uma cultura organizacional depende de indivíduos, que, ao se unirem com um objetivo em comum, passam por um processo dinâmico que busca balancear as necessidades individuais às do grupo (SCHEIN, 1985).

Ao longo do processo de criação e amadurecimento da cultura organizacional, Robbins (2002) identifica, através da figura 12, os principais fatores que influenciam na formação da cultura: o fundador (valores, crenças e perspectivas), os novos membros e líderes (novas perspectivas, valores e crenças trazidas por estes) e o aprendizado (as experiências dos membros da empresa enquanto a organização vai crescendo).

FIGURA 12 – COMO SE FORMAM AS CULTURAS ORGANIZACIONAIS

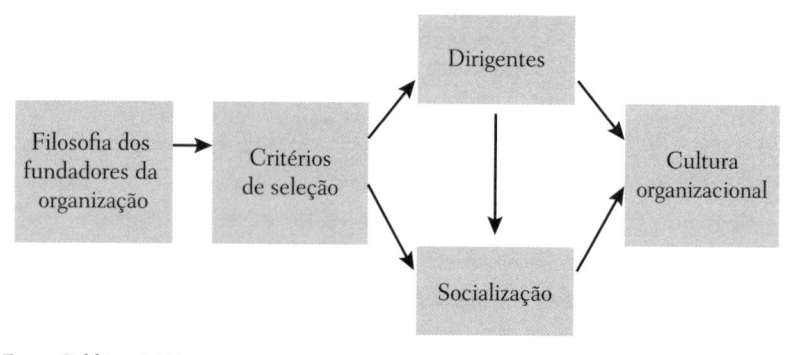

Filosofia dos fundadores da organização → Critérios de seleção → Dirigentes / Socialização → Cultura organizacional

Fonte: Robbins, 2002.

Freitas (1991) aponta três correntes que analisam a criação da cultura:

1. os fundadores e outros líderes trazem consigo um conjunto de pressupostos, valores, perspectivas e artefatos para a organização;
2. uma cultura emerge com a interação dos membros da organização para resolver problemas relacionados com a integração interna e a adaptação ambiental;
3. os membros individuais de uma organização podem tornar-se "criadores da cultura", através de soluções para problemas individuais de identidade, controle, necessidades individuais e aceitação, passando-as para as gerações seguintes.

E a cultura, com o tempo, torna-se uma entidade em si mesma, independente das razões iniciais e dos incidentes que a formaram. Ela torna-se também o padrão de comportamento dos membros da organização, à medida que é repassada sem questionamento (FREITAS, 1991).

3.4.3. Cultura e clima organizacional

Faz-se necessário distinguir os conceitos de cultura e clima organizacional. Muitas vezes as empresas utilizam tais conceitos como sinônimos, o que é um grande equívoco.

Schein (1985) afirma que normas, rituais e o clima são manifestações de cultura organizacional. Assim, essa afirmação pode solucionar o conflito de conceitos. Enquanto a cultura foca na interação social de acordo com o contexto, o clima está mais preocupado com a percepção e os impactos desse contexto (SCHEIN, 1985).

O clima pode ser facilmente manipulado por indivíduos que possuem uma forte influência na organização, ao passo que a cultura está arraigada na história da organização, logo é complexa e difícil de ser modificada (SCHEIN, 1985).

Pode-se resumir a distinção entre cultura e clima organizacional pela tabela 1.

TABELA 1 – CLIMA X CULTURA ORGANIZACIONAL

Clima organizacional	Cultura organizacional
"Estado de espírito" da organização	Personalidade da organização
Ligado ao grau de satisfação, lealdade e compromisso de seus membros	Ligada ao grau de motivação e comprometimento
Identificado através do levantamento de opiniões e percepções de seus membros	Identificada através do sistema de crenças e dos valores compartilhados
Perspectiva temporal de curto / médio prazo	Perspectiva temporal de médio / longo prazo

Fonte: Tomei, 1994.

3.4.4. Arcabouços e níveis culturais

Para Schein (1985), a cultura organizacional deve ser observada em vários níveis:

1. **Nível dos artefatos:** é o ambiente construído da organização, sua arquitetura, *layout*, tecnologia, a maneira das pessoas se vestirem, padrões de comportamentos visíveis e documentos

públicos, por exemplo, materiais de orientação para os funcionários. Nesse nível, os dados são visíveis e fáceis de se obter, porém difíceis de se interpretar.

2. **Nível dos valores:** governam os comportamentos dos indivíduos. Mas, como valores são difíceis de observar diretamente, já que muitas vezes é necessário entrevistar membros da organização. No entanto, ao se identificar esses valores, percebe-se que eles representam somente os valores expostos ou manifestados da cultura, logo expressam o que as pessoas mencionam ser a razão do seu conhecimento (idealizações).

3. **Nível dos pressupostos inconscientes:** determinam como os membros do grupo percebem, pensam e sentem. E à medida que os pressupostos são considerados verdades não questionáveis, vão passando para o inconsciente.

Schein (1985) comenta a possibilidade de haver subculturas dentro de uma empresa devido à exibição de outras realidades, por exemplo, subculturas que compõe a organização (cultura da área do marketing, da área financeira etc.). Então, o problema em interpretar a cultura da empresa é tentar apontar as peculiaridades de um determinado grupo social dentro de uma cultura mais vasta.

3.4.5. Tipologias de cultura organizacional

Freitas (1991) aborda algumas tipologias culturais, como as de Harrison, Handy, Deal e Kennedy, Donnelly, Sethia e Von Glinow.

Para Harrison (1972 *apud* FREITAS, 1991), há quatro orientações principais em uma organização, sob o ponto de vista de como os canais de poder se refletem nas estruturas: a orientação para o poder, a orientação para papéis, orientação para tarefas e a orientação para as pessoas. Essas ideologias raramente são encontradas nas organizações em sua forma pura. A maioria das empresas tende a centrar-se em uma ou mais.

A tipologia de Handy assume que a cultura toma, frequentemente, forma visível nas instalações, escritórios ou filiais da empresa. Os tipos de pessoas empregadas, o cumprimento e a elevação de suas aspirações de carreira, o grau de mobilidade ou o nível de educação seriam reflexos da cultura. Handy criou uma tipologia cultural que considera como os canais de poder são refletidos em determinadas estruturas e sistemas organizacionais e que se dá em quatro classificações: cultura do poder, cultura dos papéis, cultura da tarefa, cultura da pessoa (FREITAS, 1991)

Pelo modelo de Deal e Kennedy, a cultura corporativa pode ser entendida e gerida pela identificação de quatro tribos genéricas diferentes: macho, trabalho duro, aposte na empresa e processo. As bases para identificar tais tribos estão na extensão de risco associado com as atividades da empresa e a velocidade de *feedback* em relação ao sucesso e ao fracasso das decisões e estratégias da empresa (FREITAS, 1991).

A tipologia de Donnelly relaciona cultura com planejamento e considera a influência que os líderes organizacionais exercem sobre a cultura, em virtude da estrutura. Esse modelo afirma que atitudes, valores, ética, estilos de vida e a personalidade dos dirigentes criam a cultura da empresa. Com base nisso, três tipos de cultura são construídos, a cultura excelente, a cultura vaga ou indistinta e a cultura horrível (FREITAS, 1991).

A tipologia de Sethia e Von Glinow associa a cultura com o sistema de recompensas da empresa. Esse sistema pode ser definido como o conjunto das recompensas disponíveis e os critérios pelos quais os membros da organização se qualificam para recebê-las. Essas recompensas podem ser financeiras, de conteúdo do trabalho, desafios, carreira ou status. Através da associação da preocupação das pessoas ao desempenho, o modelo citado cria quatro tipos de cultura: cultura cuidadosa, a cultura apática, a cultura integrativa e a cultura exigente (FREITAS, 1991).

3.4.6. Função da cultura na organização

Harrison (1972 *apud* FREITAS, 1991) parte do pressuposto de que a cultura é uma ideologia. A ideologia de uma organização é mais que um conjunto de prescrições e de proibições, ela serve para estabelecer a motivação do que é permitido ou não. Essa motivação explicaria o comportamento dos membros da organização.

O mesmo autor aponta algumas funções da cultura:

- especificar os objetivos e valores sob os quais a organização deve ser direcionada;
- prescrever as relações consideradas apropriadas entre indivíduos e a organização;
- indicar como o comportamento deve ser controlado na organização, bem como quais os tipos de controle legítimos e ilegítimos;
- apontar quais qualidades e características de membros da organização deverão ser valorizadas ou difamadas;
- mostrar aos membros como eles devem tratar uns aos outros, competitiva ou colaborativamente, com ou sem honestidade, com proximidade ou distantemente;
- estabelecer métodos apropriados de relação com o ambiente externo – exploração agressiva, negociação responsável, exploração proativa.

Complementando as funções já relacionadas, Alves (2006) afirma que a cultura provê um senso de identidade aos membros da empresa, aumenta o seu comprometimento com a organização e funciona como um mecanismo de controle na formação de pressupostos, agindo como modelador de comportamento. A cultura, em síntese, define as "regras do jogo".

Dessa forma, a cultura atua na institucionalização das empresas como diferenciador das organizações e como alavanca de estabilidade social (SELZNICK *apud* ALVES, 2006).

3.4.7 Manutenção e disseminação da cultura

Após a criação da empresa e a sua cultura já estar estabelecida, há a necessidade de mantê-la e garantir a perpetuidade de valores, pressupostos, crenças e símbolos trazidos pelos fundadores (ALVES, 2006). Isso se agrava à medida que a empresa cresce e recruta um número maior de colaboradores.

Robbins (2002) ressalta a importância das práticas de gestão de pessoal na disseminação da cultura. Essas práticas devem levar em consideração a seleção de pessoas coerentes com a cultura interna e com as formas de avaliação de desempenho. As práticas de seleção são a forma de trazer à organização pessoas que compactuem com seus valores e não venham a ter conflitos com estes, de modo não comprometer assim, o trabalho. As ações da alta gestão estabelecem normas que permeiam toda a organização e indicam formas de conduta, vestuário, autonomia, delegação, promoção e premiação.

Algumas práticas da organização levam à manutenção de sua cultura através da oferta de um conjunto de experiências oferecido aos funcionários. Schein (1985) explica que a transmissão e a internalização da cultura pelos novos membros ocorrem por meio de mecanismos implícitos e explícitos, como:

- relatos, opiniões e instruções formais;
- símbolos materiais, espaço físico e mobília;
- sistema explícito de reconhecimento, recompensa e promoção;
- passagens, mitos sobre pessoas-chave e eventos que legitimam as práticas atuais;
- hierarquia e estrutura da organização, canais de comunicação, critérios de diferenciação e mecanismos de integração;
- critérios de recrutamento, seleção, promoção, afastamento, aposentadoria e critérios que líderes usam para determinar quem tem perfil adequado à organização.

Percebe-se que a cultura da organização, embasada em suas crenças e valores, e que pode estar carregada de singularidades da sociedade na qual está inserida, molda o modelo de gestão da organização.

Guerreiro (1989) define modelo de gestão como um conjunto de normas, princípios e conceitos que têm por finalidade orientar o processo administrativo de uma organização.

Na mesma linha, Figueiredo e Caggiano (1997, p. 30) definem que o modelo de gestão é "um grande modelo de controle, pois nele são definidas as diretrizes de como os gestores serão avaliados, e os princípios de como a empresa será administrada".

Logo, percebe-se que o modelo de gestão, influenciado pela cultura organizacional, suas crenças e valores, conduzirá e moldará e moldar os modelos de desempenho e de informações da organização.

EXERCÍCIOS DE FIXAÇÃO

01. CESPE – 2010 – MPS – Administrador

O mundo contemporâneo evolui muito rapidamente e, para acompanhar essa velocidade, a cada dia surgem novos modelos de gestão. A respeito da gestão do conhecimento, da gestão por desempenho e da gestão por competências, julgue o item a seguir:

A utilização de múltiplos avaliadores gera uma confusão nas informações obtidas, prejudicando os processos de avaliação de desempenho. ( ) V; ( ) F

Gabarito: Falsa

Comentário: a questão solicita que o candidato reflita acerca do inter-relacionamento sobre a gestão do conhecimento, da gestão por desempenho e gestão por competências. Na realidade, quando estamos tratando de a valiação de desempenho, seja de gestores, funcionários, de uma unidade ou até de um fornecedor, desejamos obter uma avaliação o mais próximo do real, que leve em consideração múltiplos critérios. Uma das maneiras de se alcançar esse conhecimento é por meio da utilização de múltiplos avaliadores. Por isso, a afirmativa é falsa.

02. CESGRANRIO – 2010 – BACEN – Técnico do Banco Central – área 1

Para escolher como será feita a avaliação de desempenho de uma organização, foram propostos cinco possíveis métodos, abaixo relacionados. Qual o método proposto que está INCORRETAMENTE explicado?

a) Escalas gráficas – é simples, permite uma visão integrada e resumida dos fatores de avaliação, mas não permite flexibilidade ao avaliador, que deve se ajustar ao instrumento, e não este às características do avaliado.

b) Escolha forçada – consiste em avaliar o desempenho dos indivíduos por intermédio de frases descritivas de alternativas de tipos de desempenho individual, proporcionando resultados confiáveis e isentos de influências subjetivas e pessoais, mas de aplicação complexa, pois exige preparo prévio dos avaliadores.

c) Pesquisa de campo – baseia-se em entrevistas de um especialista em avaliação com o superior imediato, e permite, além de um diagnóstico do desempenho do empregado, a possibilidade de planejar com este superior o seu desenvolvimento no cargo e na organização, mas tem um custo operacional elevado.

d) Incidentes críticos – não se preocupa com características do comportamento humano, situadas dentro do campo da normalidade, registrando os fatos excepcionalmente positivos que devem ser realçados e mais utilizados no desempenho dos indivíduos, e os excepcionalmente negativos que devem ser corrigidos e eliminados.

e) Comparação aos pares – é um processo simples e pouco eficiente, que compara dois a dois empregados de cada vez, permitindo o registro daquele que é considerado melhor quanto ao desempenho.

Gabarito: letra B

Comentário: todas as afirmações estão corretas, à exceção da alternativa "b". O que está incorreto na assertiva é dizer que o método proporciona resultados confiáveis. Ao contrário, este deixa o avaliador sem noção do resultado da avaliação de desempenho que aplica aos seus subordinados.

03. CESGRANRIO – 2010 – BACEN – Técnico do Banco Central – Área 1

Apesar da necessidade de imparcialidade e objetividade no processo de avaliação de desempenho organizacional, percebe-se que a cultura paternalista faz com que avaliadores, às vezes, favoreçam pessoas:

1. de que gostam, independente da sua competência profissional e de seus resultados;
2. que vinham apresentando maus desempenhos, mas que, perto do período da avaliação, "mostraram serviço".

Esse erro de propensão, causado, em geral, porque os avaliadores não conseguem ficar emocionalmente desligados, pode ser qualificado, nos exemplos acima, respectivamente, como:

a) preconceito pessoal e propensão a rigor;
b) propensão de complacência e erro de tendência central;
c) propensão de complacência e efeito recenticidade;
d) efeito halo e erro de tendência central;
e) efeito halo e efeito recenticidade.

Gabarito: letra E

Comentário: a primeira afirmação refere-se à tendência para estender a todos os aspectos positivos ou negativos desse desempenho. Assim, quando um avaliador tem uma opinião favorável acerca de uma característica do trabalhador, tende a considerá-lo bom em todos os fatores, um erro conhecido como efeito halo e, se tem uma opinião desfavorável no que se refere à um comportamento de um trabalhador, tende a considerá-lo negativamente em todos os fatores (efeito *horn*).

A segundo afirmação faz referência à tendência de se dar relevo a situações recentes que marcaram a vida profissional do funcionário. O avaliador tende a lembrar preferencialmente as situações que aconteceram mais recentemente, acabando por ter um efeito desproporcional na avaliação. Esse erro pode ser reduzido se, durante todo o período em avaliação, o notador for tomando notas regularmente sobre o desempenho do trabalhador. Tal tipo é conhecido como efeito recenticidade (de recente, lembrem!)

04. CESPE – 2004 – TRE–AL – Técnico Judiciário – Área Administrativa

No que se refere ao comportamento organizacional, julgue o item a seguir.

O *feedback* de revisão do desempenho do indivíduo é uma ação gerencial importante. Deve ser entendido mais como aconselhamento que como julgamento e possibilitar que o indivíduo se mantenha com o moral elevado.

( ) V; ( ) F

Gabarito: Verdadeiro

Comentário: é exatamente o que a assertiva afirma. O *feedback* é uma forma de comunicação entre o avaliador e o avaliado. É uma etapa extra que pode ou não estar presente em qualquer sequência específica de comunicação. Quando o *feedback* está ausente, a comunicação tem um único sentido; quando há *feedback*, a comunicação tem dois sentidos. O *feedback* pode ser verbal ou não verbal. A ausência de palavras não o elimina. Um simples olhar ou um gesto pode ser um *feedback*. O simples fato de a pessoa poder falar o que pensa e o que sente, ser ouvida e entendida, é que produz essa confiança tanto no emissor quanto no receptor. No emissor, porque sabe que, se o receptor não entender a mensagem, dirá de uma forma clara, objetiva e direta. No receptor, porque, ao não entender a mensagem, terá a liberdade para emitir o seu parecer. Por todos esses aspectos, a assertiva é verdadeira.

05. UFBA – 2006 – UFBA – Assistente Administrativo

O estabelecimento de metas é condição imprescindível para um administrador avaliar o desempenho do grupo. ( ) V ; ( ) F

Gabarito: Verdadeiro

Comentário: sim, pois as metas estabelecem o que foi planejado, seja para um grupo de pessoas ou o desempenho de uma área, de um produto ou de um cliente. Após o planejamento, há a execução e, mais adiante, o controle e a comparação do realizado com o planejado. Se as metas forem atingidas, a execução foi de acordo com o planejamento. Porém, se houver desvios do realizado com o que foi estabelecido, é necessário agir para corrigir os rumos. Concluindo, é necessário ao planejamento ter metas definidas e claras. Assertiva correta.

06. CESGRANRIO – 2011 – Petrobrás – Administrador Júnior

Na gestão de pessoas, uma das atividades previstas é a avaliação de desempenho. Nesse contexto, considere as razões para o desenvolvimento da avaliação, expostas a seguir.

I. Recompensas: justificar aumentos, promoções e transferências.

II. Retroação: proporcionar ao gerente insumos para aconselhamento e orientação.

III. Desenvolvimento: dar conhecimento sobre pontos frágeis e oportunidades de treinamento.

É(São) razão(ões) a ser(em) considerada(s) na avaliação de desempenho APENAS a(s) exposta(s) em:

a) I.
b) II.
c) III.
d) I e II.
e) I e III.

Gabarito: letra E

Comentário: essa é uma questão com sutilezas, diríamos. As alternativas I e III estão corretas, pois a avaliação do desempenho proporciona um julgamento sistemático para fundamentar aumentos salariais, promoções, transferências e, algumas vezes, demissões de funcionários. Através dela é possível comunicar aos funcionários como eles estão indo em seu trabalho, sugerindo quais as necessidades de mudanças no comportamento, nas atitudes, nas habilidades ou nos conhecimentos.

A alternativa II menciona a retroação, posterior ao processo de avaliação de desempenho. Toda pessoa precisa receber retroação a respeito de seu desempenho para saber como está sendo avaliado o seu trabalho.

07. CESPE – 2010 – AGU – Administrador

Ao assumir a gerência de qualidade de uma organização, Maria pretende criar uma auditoria de processos gerenciais, que avaliará a conformidade das atividades desenvolvidas pelos diversos setores componentes da organização. Para compor sua equipe, Maria decidiu recrutar pessoalmente cada colaborador, por meio de seleção externa, pois acredita que, de modo geral, as pessoas não são responsáveis e não gostam de trabalhar. Visando atrair colaboradores para o cargo, ela oferecerá as melhores gratificações financeiras da organização. Os futuros auditores de processos terão uma rotina muito bem delineada e serão avaliados semestralmente pelas chefias imediatas. Os aspectos da avaliação julgados deficientes serão objeto de capacitações. Com referência a essa situação hipotética, e ao tema por ela evocado, julgue o próximo item.

A avaliação de desempenho por incidentes críticos se baseia na avaliação dos aspectos normais e recorrentes das atividades desenvolvidas em uma organização.

( ) V; ( ) F

Gabarito: **Falsa**

Comentário: a avaliação de desempenho por incidentes críticos é um método simples e se baseia nas características extremas (incidentes críticos) que representam desempenhos altamente positivos (sucesso) ou negativos (fracasso), ou seja, se preocupa com os desempenhos excepcionais, sejam positivos ou negativos. Cada fator de avaliação do desempenho é transformado em incidentes críticos ou excepcionais, para avaliar os pontos fortes e fracos de cada funcionário.

A assertiva está errada em função de mencionar que a avaliação incide sobre aspectos normais e recorrentes.

08. CESGRANRIO – 2009 – BNDES – Profissional Básico – Administração

A importância da avaliação de desempenho, tanto para as organizações quanto para as pessoas que nelas trabalham, é indiscutível. Ela fornece informações imprescindíveis ao desenvolvimento empresarial e *feedback* às pessoas para a eventual correção de rumos no desenvolvimento de seu trabalho. Uma série de razões justifica a preocupação da organização em avaliar o desempenho de suas equipes, EXCETO o fato de:

a) oferecer informações ao gerente sobre como aconselhar e orientar seus colaboradores;

b) proporcionar meios para que o trabalhador saiba o que as pessoas pensam a seu respeito;

c) proporcionar conhecimento sobre a percepção externa de seu desempenho, atitudes e competências;

d) proporcionar uma análise sistemática para justificar aumentos salariais, promoções, transferências e demissões;

e) relacionar o que o ocupante faz, sob quais condições faz e por que faz.

Gabarito: **letra E**

Comentário: a avaliação de desempenho define-se como uma apreciação sistemática de cada colaborador, em função das tarefas que desempenha, das metas e dos resultados a serem alcançados e do seu potencial de desenvolvimento. É um processo que serve para julgar ou para sistematizar o valor, a excelência e as qualidades de uma pessoa, sobretudo para avaliar qual é a sua contribuição para a organização. Na verdade, a avaliação de desempenho constitui um meio de localizar problemas de gerência e supervisão, de integração das pessoas à organização, de adequação da pessoa ao cargo, de localização de possíveis discrepâncias ou carências de treinamento e, consequentemente, estabelecer os meios e programas para neutralizar ou eliminar as divergências ocorridas para revelar uma melhoria de qualidade do trabalho e de vida dentro das organizações.

Por todas essas observações é que se verifica que todas as assertivas estão corretas, à exceção da alternativa "e", que não leva em consideração o aspecto avaliativo e de controle que a avaliação de desempenho possui.

capítulo · 4

Avaliação de desempenho

Por meio das demonstrações contábeis levantadas por uma empresa, podem ser extraídas informações a respeito das suas posições econômica e financeira. Esse é o objetivo da análise das demonstrações contábeis, que, dentro de suas possibilidades e de suas limitações, pode transformar-se em um painel de controle para a administração (IUDÍCIBUS, 1998a; ASSAF NETO, 2008).

O raciocínio básico da análise de balanços desenvolve-se por meio do uso associado de técnicas originárias da contabilidade, matemática e estatística. Naturalmente, essas técnicas vão sendo aprimoradas e sofisticadas pelo uso empírico da avaliação de empresas (ASSAF NETO, 2008).

As principais técnicas de análise de balanços são as análises horizontal, vertical e por indicadores econômico-financeiros (ASSAF NETO, 2008).

A análise horizontal tem como principal finalidade apontar o crescimento de itens dos balanços e das demonstrações de resultados de outros demonstrativos ao longo de séries de tempo, a fim de encontrar tendências. Já a análise vertical é importante para avaliar a estrutura de composição de itens e sua evolução no tempo (IUDÍCIBUS, 1998b).

A técnica de análise financeira por quocientes possui como finalidade principal permitir ao analista extrair tendências e comparar os quocientes com padrões preestabelecidos. A finalidade dessa técnica é, mais do que retratar o que aconteceu no passado, fornecer algumas bases para inferir o que poderá vir a ocorrer no futuro (GITMAN, 2010; IUDÍCIBUS, 1998b).

Devido a importância dessa técnica, é que veremos, a seguir, alguns dos principais indicadores da análise por quocientes.

4.1. TIPOS DE INDICADORES

A análise de índices envolve métodos de cálculo e interpretação de índices financeiros para analisar e para monitorar o desempenho da empresa. Os insumos fundamentais para a análise de índices são a demonstração do resultado e o balanço patrimonial (GITMAN, 2010).

A análise com base em índices extraídos das demonstrações financeiras de uma empresa interessa aos acionistas, credores e aos administradores do próprio negócio. Atuais acionistas e potenciais investidores preocupam-se com os níveis atuais e futuros de retorno e risco da empresa, que afetam diretamente o preço da ação. Os credores estão interessados na liquidez de curto prazo da empresa e sua capacidade de fazer frente aos pagamentos de juros e amortização (ASSAF NETO, 2008).

4.1.1. Categorias de índices financeiros

Os índices financeiros podem ser classificados em cinco categorias principais: liquidez, atividade, endividamento, lucratividade e valor de mercado. Essencialmente, os índices de liquidez, atividade e endividamento medem risco; os de lucratividade medem retorno; os de valor de mercado capturam tanto risco quanto retorno. Ressalte-se que algumas empresas de diferentes setores podem utilizar índices voltados a aspectos específicos de suas atividades (GITMAN, 2010).

4.1.1.1. Índice de liquidez

A liquidez de uma empresa é medida em termos de sua capacidade de saldar suas obrigações de curto prazo, à medida que se tornam devidas. A liquidez diz respeito à solvência da posição financeira geral da empresa. Um mal desempenho nesses índices pode sinalizar problemas de fluxo de caixa e até insolvência do negócio. As principais medidas de liquidez são o índice de liquidez corrente e o índice de liquidez seca.

- Índice de liquidez corrente

O índice de liquidez corrente mede a capacidade da empresa de pagar suas obrigações de curto prazo. É expresso da seguinte forma:

$$\text{Índice de liquidez corrente} = \frac{\text{ativo circulante}}{\text{passivo circulante}}$$

De modo geral, quanto maior o índice de liquidez corrente, mais líquida a empresa. Cabe ressaltar que a adequação ou não de um índice dependerá do setor em que a empresa atua (ASSAF NETO, 2008).

- Índice de liquidez seca

O índice de liquidez seca assemelha-se ao de liquidez corrente, mas exclui do cálculo o estoque, que costuma ser o menos líquido dos ativos circulantes. A liquidez baixa do estoque resulta do fato que este costuma ser vendido a prazo, o que significa que se torna uma conta a receber antes de se converter em caixa. Esse índice é calculado da seguinte forma:

$$\text{Índice de liquidez seca} = \frac{(\text{ativo circulante} - \text{estoques})}{\text{passivo circulante}}$$

Um índice de liquidez seca de 1,0 ou mais é recomendado, mas o valor aceitável depende principalmente do setor de atuação da empresa em análise (NEVES e VICECONTI, 2002).

4.1.1.2. Índices de atividade

Os índices de atividade medem a velocidade com que diversas contas se convertem em vendas ou caixa – entradas ou saídas. São medidas complementares às medidas de liquidez, pois as diferenças entre a composição dos ativos circulantes e os passivos circulantes podem afetar a sua real liquidez (GITMAN, 2010).

- Giro do estoque

O giro do estoque mede a atividade ou liquidez do estoque de uma empresa. É expresso pela fórmula:

$$\text{Giro do estoque} = \frac{cmv}{estoque}$$

Para ter significado, o giro deve ser comparado ao de outras empresas do mesmo setor ou com o giro do estoque passado da empresa.

Para se obter a idade média do estoque, basta dividir 365 (número total de dias em um ano) pelo giro do estoque.

- Prazo médio de recebimento

O prazo médio de recebimento ou a idade média das contas a receber é útil para avaliar as políticas de crédito e de cobrança. Pode ser conceituado como o tempo médio para recebimento das contas devidas pelos clientes da empresa. É calculado da seguinte forma:

$$Prazo\_médio\_recebimento = \frac{contas\_a\_receber\_de\_clientes}{valor\_diário\_médio\_das\_vendas}$$

Valor diário médio = vendas anuais/365

- Prazo médio de pagamento

O prazo médio de pagamento, ou idade média das contas a pagar a fornecedores, é calculado da mesma forma que o prazo médio de recebimento:

$$Prazo\_médio\_de\_recebimento = \frac{fornecedores}{valor\ diário\_médio\_das\_compras}$$

4.1.1.3. Índices de endividamento

De acordo com Assaf Neto (2008) e Gitman (2010), diversos indicadores podem ser utilizados para a análise das fontes permanentes de capital de uma empresa. A seguir, são apresentados os principais indicadores para a análise e controle da estrutura de capital.

- Prazo médio de pagamento

É obtido pela relação entre o capital de terceiros (curto e longo prazos) e o capital próprio, isto é:

$$Endividamento = \frac{passivo\_total}{patrimônio\_líquido}$$

Este índice demonstra quanto a empresa tomou de empréstimo para cada $1 de capital próprio aplicado (ASSAF NETO, 2008).

- Dependência financeira ou de endividamento geral

Revela a dependência da empresa em relação a suas exigibilidades totais, isto é, do montante investido em seus ativos, qual a participação dos recursos de terceiros.

$$Dependência\_financeira = \frac{passivo\_total}{ativo\_total}$$

Quanto maior se apresentar esse índice, mais elevada se apresenta a dependência financeira da empresa pela utilização de capitais de terceiros (GITMAN, 2010).

- Imobilização dos capitais permanentes

É obtido pela relação entre o ativo permanente e o passivo permanente (patrimônio líquido + exigível a longo prazo), como segue:

$$Grau\_de\_imobilização\_dos\_capitais\_permanentes = \frac{ativo\_permanente}{passivo\_permanente}$$

Esse índice identifica o nível de imobilização dos recursos permanentes da empresa e, consequentemente, o percentual desses recursos que está financiando os ativos permanentes (ASSAF NETO, 2008).

4.1.1.4. Índices de rentabilidade e lucratividade

O objetivo dos indicadores dessa natureza é avaliar o rendimento obtido pela empresa em determinado período. Sendo assim, podem ser medidos em relação às vendas, ativos, patrimônio líquido e ao valor da ação (NEVES e VICECONTI, 2002).

Essas medidas permitem aos analistas avaliar os lucros da empresa em relação a um dado nível de vendas, um dado nível de ativos ou o investimento dos proprietários. Se não houver lucro, uma empresa não tem como atrair capital externo (GITMAN, 2010).

- Margem de lucro bruto

Gitman (2010) define esse indicador como sendo o que mede a porcentagem de cada unidade monetária de vendas que permanece após a empresa deduzir o valor dos bens vendidos. Quanto maior a margem de lucro bruto melhor. A margem de lucro bruto é calculada como segue:

$$Margem\_lucro\_bruto = \frac{receita\_vendas - custo\_mercadorias\_vendidas}{receita\_de\_vendas}$$

- Margem de lucro operacional

A margem de lucro operacional mede a porcentagem de cada unidade monetária de vendas remanescente após a dedução de todos os custos e despesas, exceto juros, imposto de renda e dividendos de ações preferenciais. Essa margem é calculada por:

$$Margem\_de\_lucro\_operacional = \frac{lucro\_operacional}{receita\_vendas}$$

- Margem de lucro líquido

A margem de lucro líquido mede a porcentagem de cada unidade monetária de vendas remanescente, após a dedução de todos os custos e despesas, inclusive juros, imposto de renda e dividendos de ações preferenciais. Quanto mais elevada a margem de lucro líquido de uma empresa melhor. A margem de lucro líquido é calculada como segue:

$$Margem\_lucro\_líquido = \frac{lucro\_disponível\_aos\_acionistas\_ordinários}{receita\_vendas}$$

- Lucro por ação (LPA)

O lucro por ação de uma empresa costuma ser de interesse dos acionistas existentes ou em potencial e para a administração como segue:

$$Lucro\_por\_ação = \frac{lucro\_disponível\_aos\_acionistas}{N°\_ações\_ord\_circulação}$$

- Retorno sobre o ativo total (ROA – *return on total assets*)

Também conhecido como retorno sobre o investimento (ROI), mede a eficácia geral da administração na geração de lucros a partir dos ativos disponíveis. Quanto mais elevado o retorno sobre o ativo total de uma empresa melhor.

$$Retorno\_ativo\_total = \frac{lucro\_disponível\_acionistas\_ordinários}{ativo\_total}$$

- Retorno sobre o capital próprio (ROE *Return on common equity*)

Enquanto o retorno sobre o capital investido mensura a rentabilidade da empresa como um todo, o retorno sobre o patrimônio líquido (ROE) examina a rentabilidade a partir da perspectiva do investidor em ações, relacionando lucros ao investidor em ações (lucro líquido após os impostos e despesas de juros) com valor contábil do investimento em ações.

$$Retorno\_sobre\_PL\_(ROE) = \frac{Lucro\_líquido}{Valor\_contábil\_do\_patrimônio\_líquido\_ordinário}$$

Como o ROE é baseado nos lucros após o pagamento de juros, ele é afetado pelo mix de financiamento que a empresa usa para financiar seus projetos (DAMODARAN, 2004).

4.2. ADMINISTRAÇÃO POR CENTRO DE RESPONSABILIDADES

Um centro de responsabilidade é uma unidade da organização gerida por um responsável por suas atividades. Dessa forma, uma empresa pode ser concebida como um conjunto de centros de responsabilidade. Esses centros de responsabilidade formam uma hierarquia. Em um menor nível, temos as seções e os turnos de trabalho; em outro, tem-se os departamentos ou as unidades de negócio, as quais constituem-se de várias dessas unidades menores (ANTHONY e GOVINDARAJAN, 2008).

Um centro de responsabilidade existe para cumprir um ou mais propósitos, tidos como seus objetivos. As empresas possuem metas e objetivos, e as estratégias para alcançá-los são determinadas pela alta administração. Dessa forma, o objetivo dos vários centros de responsabilidade é apoiar a implementação dessas estratégias. Se todos esses centros atingirem suas metas, consequentemente as metas da organização terão sido conquistadas.

4.2.1. Tipos de centros de responsabilidade

De acordo com Anthony e Govindarajan (2008), há quatro tipos de centros de responsabilidade, os quais são classificados de acordo com a natureza dos insumos monetários e/ou produtos medidos para fins de controle: centros de receita, centros de despesa, centros de lucro e centros de investimento.

Nos centros de receita, o produto é medido em termos monetários; nos centros de despesa, os insumos é que são medidos monetariamente; nos centros de lucro, são medidas tanto a receita (produto) quanto a despesa (insumo); e nos centros de investimento, mede-se a relação entre lucro e investimento.

Suas respectivas características estão demonstradas na figura a seguir:

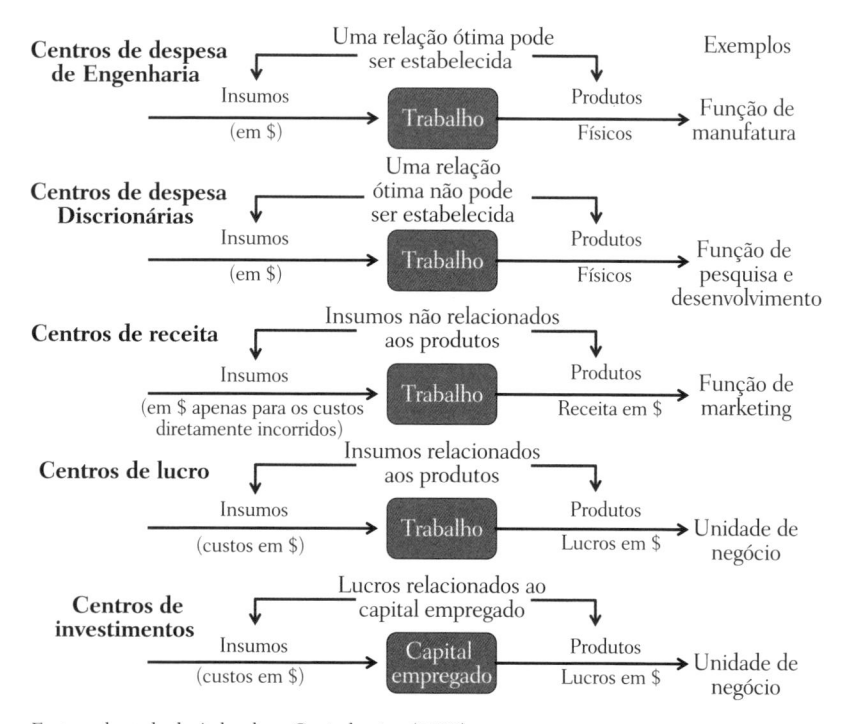

Centros de despesa de Engenharia — Uma relação ótima pode ser estabelecida — Insumos (em $) → Trabalho → Produtos Físicos → Exemplos: Função de manufatura

Centros de despesa Discricionárias — Uma relação ótima não pode ser estabelecida — Insumos (em $) → Trabalho → Produtos Físicos → Função de pesquisa e desenvolvimento

Centros de receita — Insumos não relacionados aos produtos — Insumos (em $ apenas para os custos diretamente incorridos) → Trabalho → Produtos Receita em $ → Função de marketing

Centros de lucro — Insumos relacionados aos produtos — Insumos (custos em $) → Trabalho → Produtos Lucros em $ → Unidade de negócio

Centros de investimentos — Lucros relacionados ao capital empregado — Insumos (custos em $) → Capital empregado → Produtos Lucros em $ → Unidade de negócio

Fonte: adaptado de Anhonhy e Govindarajan (2008).

Em um centro de receita, o produto é medido monetariamente, mas não há uma tentativa formal em relacionar o insumo (a despesa ou o custo) ao produto. Em geral, os centros de receita são unidades de marketing que não possuem autoridade para determinar preços de venda, e que não são cobradas pelo custo dos produtos que comercializam (ANTHONY e GOVINDARAJAN, 2008).

Os centros de despesa são aqueles centros de responsabilidade cujos insumos são medidos em termos monetários. Há dois tipos principais de centros de despesa: de engenharia e discricionárias. Os custos planejados pela engenharia são aqueles em que a quantia correta pode ser estimada, como os custos de uma fábrica com mão de obra direta, material direto, componentes, suprimentos.

Ao contrário dos centros de custo, os centros de resultado (lucro) têm a responsabilidade de controlar tanto receitas quanto custos (ou despesas), ou seja, a lucratividade. Apesar da denominação, um centro de lucro pode existir em organizações sem fins lucrativos, no momento em que um centro de responsabilidade obtém receitas para seus serviços (HORNGREN, SUNDEM e STRATTON, 2008).

Um centro de investimento vai à uma etapa além de um centro de resultado. Seu sucesso é medido não somente pelo resultado gerado, mas pelo resultado relacionado ao capital investido, como em um índice de retorno do valor do capital empregado (HORNGREN, SUNDEM e STRATTON, 2008).

4.3. MODELOS DE AVALIAÇÃO DE DESEMPENHO

Vamos tratar dos indicadores de valor adicionado e do *balanced scorecard* (BSC) como dois tipos de indicadores que podem ser utilizados pela controladoria, salientando que não são os únicos nem tampouco excludentes.

4.3.1. Valor econômico adicionado VEA[2]

Considerando que um dos principais objetivos de uma organização é gerar valor, hoje e no futuro, para os que investem nela (acionistas ou

---
2   A expressão EVA® - *economic value added* é marca registrada da Stern Stewart & Co.

proprietários), a avaliação de desempenho deve ser capaz de identificar se esse objetivo está sendo alcançado.

Nessa linha de raciocínio, Ehrbar (1999) defende que maximizar a riqueza dos acionistas é a melhor maneira de servir eficazmente aos interesses de longo prazo de todas as partes interessadas na organização, como clientes, governo, funcionários, credores e acionistas. Isso porque os acionistas são os últimos a serem remunerados, ou seja, uma vez maximizada a sua riqueza, os demais já foram atendidos em suas expectativas.

Nessa tentativa de avaliar o desempenho, sob o ponto de vista do valor gerado ao acionista, vários indicadores são colocados à disposição do gestor, com características distintas e capazes de gerar informações diversas. Porém, se essas informações não forem bem interpretadas, podem guiar a erros e/ou enganos graves.

Dentre tais indicadores, serão encontrados os tradicionais índices de análise de balanço, como índices de rentabilidade e retorno sobre o investimento e sobre o capital e o crescimento do lucro por ação.

Ehrbar (1999, p. 33) explica que indicadores como o retorno total para os acionistas, o valor de mercado ou o aumento do lucro por ações podem gerar ou induzir a medidas equivocadas sobre o desempenho.

Essas limitações referem-se ao fato de não ser levado em conta o conceito de custo de oportunidade aplicado ao custo do capital próprio.

O VEA é a diferença entre o lucro operacional e o custo de todo capital empregado para produzir lucro (ASSAF NETO, 2008).

Ehrbar (1999, p 2), define o VEA[3] como o lucro operacional após o pagamento de impostos, menos o encargo sobre o capital (tanto o próprio como o de terceiros).

A equação a seguir define o conceito:

$$VEA = NOPAT - C\% \times TC$$

---

3   Na obra original, o autor cita EVA®.

Onde:

VEA → valor econômico adicionado;

NOPAT (*net operating profit after taxes*)→ lucro operacional líquido depois de impostos;

C% → percentual correspondente ao custo do capital investido.

TC → capital total investido

De acordo com Stewart III (1990, p. 86) *apud* Santos e Watanabe (2005), "NOPAT é o lucro oriundo das operações da companhia, líquido de impostos, mas antes das despesas financeiras e de lançamentos contábeis que não envolvam desembolsos de caixa". Ele complementa que "a depreciação é o único custo que, apesar de não envolver desembolso de caixa, é subtraído do NOPAT". A justificativa é a necessidade de os ativos consumidos pelas operações serem repostos antes de os investidores obterem retorno sobre o investimento.

O capital total investido (TC) corresponde aos recursos próprios e de terceiros investidos na empresa.

O custo do capital (C%) é o custo médio ponderado de capital. Ele pode ser encontrado pela ponderação do custo de cada tipo específico de capital pela sua proporção na estrutura de capital da empresa.

Pela definição de que o lucro contábil precisa ser convertido em lucro econômico, são necessários alguns ajustes, segundo Schmidt, Santos e Martins (2006, p. 51):

- ajustar as demonstrações contábeis, adequando-as de forma a facilitar o cálculo através da metodologia VEA, visando identificar o valor do patrimônio líquido, do passivo oneroso e do ativo operacional líquido, de forma que se consiga identificar a base correta para o cálculo do custo de capital;

- apurar o valor do lucro operacional (sem considerar as despesas financeiras) e deste deduzir o Imposto de Renda da Pessoa Jurídica (IRPJ) e a Contribuição Social Sobre o Lucro (CSLL);

- deduzir as despesas financeiras líquidas (despesas financeiras totais líquidas do IRPJ);

- deduzir o custo do capital próprio (remuneração mínima requerida pelos proprietários do capital).

O valor resultante do processo é o VEA, que pode ser positivo, mostrando que a empresa cria valor, ou se for negativo, é um indício de destruição de valor.

4.3.1.1. Custo de capital

O ativo operacional líquido, ou seja, o valor total do ativo menos o passivo operacional (fornecedores, impostos a pagar e adiantamento de clientes, por exemplo) é financiado por capitais próprios e capitais de terceiros. Tais fontes de recursos são onerosas, ou seja, possuem um custo que necessita ser mensurado.

Assaf Neto (2008) define o custo de capital como os retornos exigidos pelos credores da empresa (insituições financeiras, debenturistas e outros) e por seus proprietários. Ele identifica o retorno que a empresa deve auferir em seus investimentos de maneira a remunerar suas fontes de financiamento.

$$CMPC = W_1 \times K_i + W_2 \times K_e$$

Onde:

CMPC = custo médio ponderado de capital das várias fontes de financiamento utilizadas pela empresa;

W_1 W_2 = respectivamente, proporção de fundos de terceiros e próprios na estrutura de capital;

K_i = custo de capital de terceiros (empréstimos e financiamentos);

K_e = custo do capital próprio, ou seja, taxa de retorno requerida pelos acionistas em seus investimentos na empresa.

A determinação do custo do capital de terceiros (K_i) é um processo simples, uma vez que tal taxa é explícita e pode ser obtida pela relação entre as despesas financeiras e o passivo oneroso (ASSAF NETO, 2008).

Já o custo do capital próprio (K_e), reflete o custo de oportunidade dos proprietários, ou seja, a melhor taxa de retorno de risco semelhante a que o investidor renunciou para aplicar seus recursos no capital da empresa. Via de regra, é impossível apurar de forma direta, sendo estimada por meio de modelos matemáticos, destacando-se, dentre eles, o CAPM (*capital asset pricing model*), que determina o custo do capital próprio da empresa através do retorno esperado pelo investidor, dado o nível de risco.

A formulação clássica do CAPM é a apresentada.

$$R_e = R_f + \beta \times (R_m - R_f)$$

Onde:

R_e → Retorno exigido

R_f → Taxa de retorno livre de risco (Selic)

β → coeficiente beta ou índice não diversificável para o ativo

R_m → retorno sobre a carteira de ativos do mercado (Ibovespa)

$(R_m - R_f)$ → prêmio histórico de risco do mercado

Fonte: Adaptado de Schmidt, Santos e Martins (2006).

A taxa de retorno livre de risco (R_f) e o retorno sobre a carteira de ativos do mercado (R_m) são fatores críticos no cálculo do CAPM, podendo produzir alterações nos resultados alcançados, a partir da escolha entre os diferentes indicadores para taxa livre de risco (Selic, CDI, poupança, títulos de longo prazo do governo) ou de retorno de mercado (Ibovespa, S&P 500, FGV 100).

4.3.2. *Balanced Scorecard* (BSC)

Os indicadores de desempenho podem afetar fortemente o comportamento dos indivíduos dentro da organização. Mesmo percebendo tal importância, muitas empresas têm seus indicadores desconexos de suas estratégias, objetivos e metas. Para que as empresas possam prosperar e sobreviver, elas devem utilizar sistemas de gestão que derivem de suas estratégias, pois, assim, estarão desdobrando as estratégias e objetivos de forma coordenada. Diante desse contexto, na literatura de negócios surgiu o *Balanced Scorecard* (BSC), o qual visa estabelecer os relacionamentos entre os indicadores ao longo da organização e fazer com que, através desse processo, a empresa tenha medidas confiáveis e conexas e, consequentemente, possa alavancar os resultados esperados.

De acordo com Kaplan e Norton (1997), diante da crença de que os métodos existentes para avaliação de desempenho empresarial, geralmente apoiados nos indicadores contábeis e financeiros, estavam se tornando obsoletos, iniciou-se, em 1990, um estudo entre diversas empresas chamado de *"Measuring performance in the organization of the future"*, patrocinado pelo Instituto Nolan Norton, unidade de pesquisa da KPMG.

Os participantes do estudo acreditavam que a dependência de medidas de desempenho consolidadas baseadas em dados financeiros estava prejudicando a capacidade das empresas de criar valor econômico para o futuro (KAPLAN; NORTON, 1997). No entanto, há de ser destacado que o uso exclusivo de medidas financeiras defasadas e focadas em resultados passados, foram e ainda são muito utilizadas pela facilidade de sua obtenção.

Em 1992, Kaplan e Norton sintetizaram as constatações em um artigo publicado pela Harvard Business School. O tema do artigo despertou o interesse de muitos executivos, o que levou à publicação de outros textos acerca do assunto. A união de uma variedade de experiências de implantação com a demanda por informações complementares originou a publicação do primeiro livro sobre *Balanced Scorecard*.

4.3.2.1. BSC e Tableau de Bord

Ideia similar ao BSC surgiu na França, onde se utilizava uma ferramenta chamada *Tableau de Bord*. Ela incorporava diversos rateios para o controle financeiro da empresa, com o tempo passou a incorporar indicadores não financeiros que permitiam controlar, também, os diferentes processos dos negócios.

Segundo Lebas (*apud* COSTA, 2001) a crise de 1929 levou as empresas a um controle mais rígido sobre seus custos. Refletindo esse contexto, nessa mesma época, na França, ocorreu a separação da contabilidade gerencial em contabilidade de custos e o *Tableau de Bord* (TB). No entanto, apesar de esses conhecimentos terem sido desenvolvidos a partir do final do século XIX, o termo *Tableau de Bord* ficou conhecido na literatura somente em 1932.

De acordo com Norreklit *et al.* (*apud* DIETSCHI, 2006), o TB foi desenvolvido por engenheiros de produção que procuravam uma maneira de melhorar e entender as relações de causa e de efeito dos processos de produção e melhor controlar os processos de chão de fábrica.

Da produção, passou a ser aplicado nos altos níveis de administração de empresas, de forma que os executivos pudessem apontar o progresso do negócio e confrontá-los com as metas estabelecidas e aplicar ações corretivas, se fosse o caso.

Inicialmente, o TB era um instrumento de controle e de consolidação de relatórios, proveniente da missão e da visão da organização. Após, o modelo evoluiu para uma ferramenta com foco na consolidação de informações gerenciais, tendo efetiva ênfase nos fatores críticos da organização.

O objetivo do *Tableau de Bord* é obter informações para a tomada de decisão. Similarmente ao BSC, o TB global, originado da missão e da visão, pode ser desdobrado em níveis menores.

Esquema Tableau de Bord

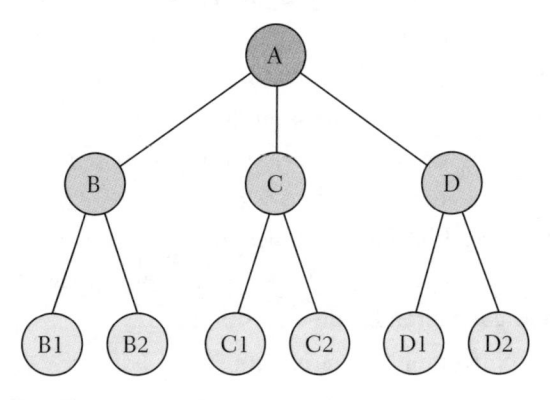

Fonte: Adaptado de Dietschi (2006).

A figura com o esquema mostra que o TB Global pode ser desmembrado em níveis inferiores, tais como departamentos, tarefas e processos. Apesar de haver semelhanças com o BSC, o TB não parte de um conjunto de perspectivas predeterminadas. Isso suscita que o TB não é rígido como o BSC (DIETSCHI, 2006).

De acordo com Norreklit *et al.* (*apud* DIETSCHI, 2006), o TB se assemelha ao BSC em dois aspectos: na utilização de indicadores não financeiros para obtenção de indicadores financeiros e para vincular a estratégia corporativa aos objetivos, indicadores e planos de ação.

Ainda, para os mesmos autores, a diferenças entre o BSC e o TB seriam: estrutural, pois o TB não tem quatro perspectivas predeterminadas como o BSC; quanto a ordem das relações de causa, já que para o BSC as relações de causa e efeito iniciam na perspectiva de aprendizado e crescimento e permeiam pelas demais perspectivas; para estabelecer objetivos e indicadores, uma vez que o BSC seria menos participativo que o TB (este envolveria maior participação dos níveis inferiores); recompensas, pois o TB não vincula aos objetivos recompensas, quer financeiras, quer não financeiras; tempo de existência da ferramenta, já que o BSC teria uma média de dez anos desde a publicação do primeiro livro e o TB é discutido há, pelo menos, 75 anos.

Como base no exposto, o BSC pode ser definido como um sistema de mensuração para esclarecer, comunicar e implementar a estratégia empresarial, além de focar todos os processos empresariais para os novos objetivos estabelecidos. Com a difusão da informação, as empresas exigem novas habilidades para competir com sucesso, tanto para as nos segmentos industriais como no de serviços (COSTA, 2001).

Para seus criadores, o BSC deve traduzir a missão e a estratégia de uma unidade de negócio em objetivos e medidas tangíveis. As medidas representam o equilíbrio entre indicadores externos voltados para os acionistas e os clientes, e as medidas internas dos processos críticos de negócios, inovação, aprendizado e crescimento.

Kaplan e Norton (1997) explicam que o *balanced scorecard* evidencia que as medidas financeiras e não financeiras devem fazer parte do sistema de informações para os funcionários de todos os níveis da organização.

4.3.2.2. Integração das medidas do Balanced Scorecard à estratégia

As várias medidas que compõem o BSC devem integrar uma série articulada de objetivos e metas coerentes que se reforcem mutuamente. Essas associações devem incorporar tanto as relações de causa e efeito quanto as combinações de medidas de resultado e vetores de desempenho.

Para delinear as relações de causa e efeito, esclarece-se que a estratégia é um conjunto de hipóteses sobre ambos. Um *Balanced Scorecard* deverá contar a história da estratégia da empresa através da sequência de relações de causa e efeito. Assim, tal cadeia deverá permear todas as quatro perspectivas de um *Balanced Scorecard* (KAPLAN; NORTON, 1997).

Toda a medida do *Balanced Scorecard* deve estar, segundo Kaplan e Norton (1997, p. 155-156), integrada a cadeia de relações de causa e efeito que comunica a estratégia da empresa às unidades de negócio. E afirmam:

> O sistema de mensuração deve explicar as relações (hipóteses) entre os objetivos (e as medidas) nas diversas perspectivas, de modo que possam ser gerenciadas e validadas. O sistema deve identificar e tornar explícita a sequência de hipóteses sobre as relações de causa e efeito entre as medidas de resultado e os vetores de desempenho desses resultados.

A integração entre as quatro perspectivas propicia as relações de causa e efeito entre os diversos objetivos, permitindo, por exemplo, avaliar o impacto dos investimentos na melhoria de processos sobre a satisfação dos clientes e os resultados do negócio.

As medidas de resultado são, para Kaplan e Norton (1997), indicadores de ocorrência, que revelam os objetivos da estratégia e se as iniciativas de curto prazo geraram os resultados desejados, já os vetores de desempenho são indicadores de tendência, responsáveis por comunicar como os resultados devem ser alcançados. Esses vetores de desempenho sinalizam antecipadamente se a implementação da estratégia está sendo bem-sucedida.

Kaplan e Norton (1997) defendem que o *Balanced Scorecard* deve ser uma combinação equilibrada de medidas de resultados (indicadores de ocorrências) e impulsionadores ou vetores de desempenho (indicadores de tendência), ajustados à estratégia da empresa.

Conforme Kaplan e Norton (1997, p. 173):

> [...] As medidas de resultado sem os vetores de desempenho criam ambiguidade em relação à maneira como os resultados devem ser alcançados, e podem levar a ações disfuncionais no curto prazo. As medidas dos vetores de desempenho não associadas a resultados incentivam programas de melhoria localizados, que talvez não ofereçam valor a curto nem longo prazo para a unidade de negócios.

Indicadores de tendência (*leading indicators*) ou vetores de desempenho comunicam a maneira como os resultados devem ser alcançados. Geralmente são específicos para cada unidade que possua uma estratégia diferenciada, dado que esses indicadores são seus reflexos diretos. Pode-se dizer, portanto, que os indicadores de tendência servem para informar os "meios" pelos quais se chegará aos resultados.

Os fatores críticos de sucesso representam uma forma de agir em um ambiente de incerteza, no qual ruídos e indeterminações provocam instabilidades nas organizações ou provocam a quebra de seu funcionamento. A pesquisa sobre esses fatores passou a ser realizada somente no século XX, a partir da década de 1980. Seu conceito foca os problemas que impedem a consecução de metas e objetivos dentro de uma organização, os quais merecem cuidados especiais dos gestores.

O tema "fatores críticos de sucesso", FCS, surgiu durante os anos 1960 na literatura sobre gerenciamento de executivos. Rockart (1979) relata uma experiência de um diretor da McKinsey & Company, em que constatou que se produzia uma quantidade enorme de informações ao fim de cada dia, as quais pareciam pouco úteis ao desempenho dos gerentes. Esse fato o levou a se perguntar: qual o tipo de informação necessária para sustentar as atividades administrativas e ser bem-sucedido. Provou-se que o sistema de informação precisa ser descritivo, informativo e focado nos fatores de sucesso.

Normalmente, existem de 3 a 6 FCS em uma organização, os quais precisam ser executados de forma adequada para que o negócio tenha sucesso.

Para Rockart (1979), os FCS são o número limitado de áreas, nas quais os resultados, se forem satisfatórios, irão assegurar o desempenho competitivo com sucesso para a organização. Esses fatores constituem áreas que devem receber constante atenção dos gestores.

Dentre as características que contribuem para esclarecer a importância desses fatores, têm-se as seguintes:

a) condições ou variáveis que causam impacto nas organizações;
b) eventos, circunstâncias ou áreas que devem ser definidas para alcançar o desempenho de sucesso nas empresas;
c) fatores que estão relacionados às metas e aos objetivos das empresas;
d) áreas que devem direcionar as ações dos gerentes para o sucesso;
e) características valorizadas pelos consumidores e que precisam ter alto desempenho para atingir sucesso.

Os FCS permitem encaminhar corretamente um projeto de modo a garantir que ele seja bem-sucedido. De acordo com Furlan *et al.* (1994), os FCS referem-se à modernização, racionalização e melhoria de processos, permitem evitar algo, dispor de métricas, reduzir incertezas e assegurar o resultado.

4.3.2.3. Perspetivas e objetivos

Os objetivos e medidas do *Balanced Scorecard* derivam da visão e estratégia da empresa, focalizando o desempenho organizacional sob quatro perspectivas básicas: financeira, clientes, processos internos e aprendizado e crescimento. Pode ocorrer mais perspectivas que as exigidas pelo modelo, mas não menos. Essas quatro perspectivas formam a estrutura do *Balanced Scorecard*, conforme a figura a seguir.

FIGURA 13 – VISÃO DO *BALANCED SCORECARD*

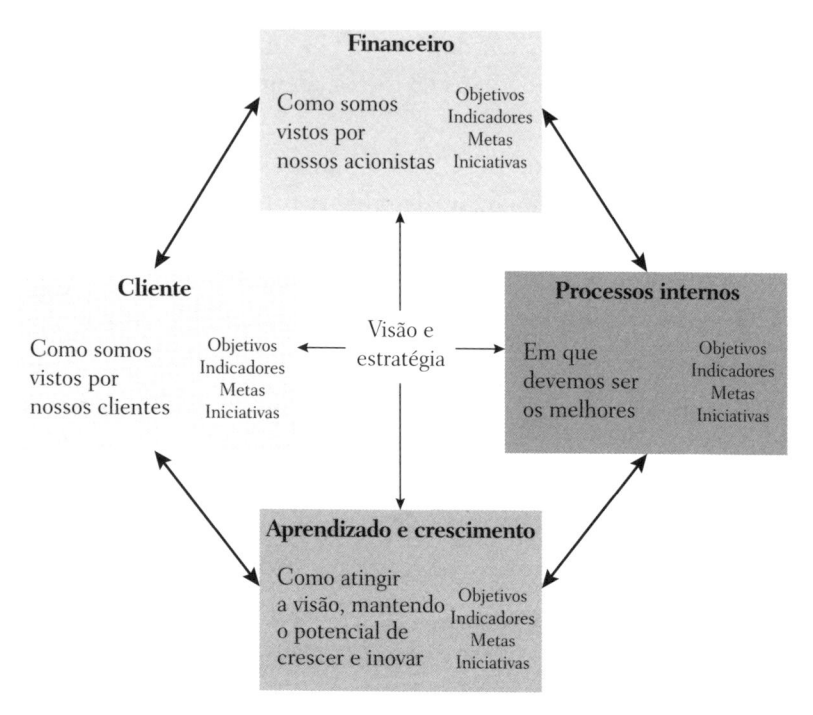

Financeiro
Como somos vistos por nossos acionistas
Objetivos
Indicadores
Metas
Iniciativas

Cliente
Como somos vistos por nossos clientes
Objetivos
Indicadores
Metas
Iniciativas

Visão e estratégia

Processos internos
Em que devemos ser os melhores
Objetivos
Indicadores
Metas
Iniciativas

Aprendizado e crescimento
Como atingir a visão, mantendo o potencial de crescer e inovar
Objetivos
Indicadores
Metas
Iniciativas

Fonte: Kaplan e Norton (1997).

Perspectiva financeira

Os objetivos financeiros servem de foco para as outras perspectivas. Por isso, qualquer medida selecionada deve fazer parte da cadeia de relações de causa e efeito, o que gerará melhoria do desempenho financeiro. O BSC deve contar a história da estratégia, iniciando pelos objetivos financeiros de longo prazo e, em seguida, relacionando-os com as ações que deverão ser tomadas em relação aos processos das outras perspectivas, objetivando produzir o desempenho econômico desejado (KAPLAN; NORTON, 1997).

Os objetivos financeiros podem diferir em cada fase do ciclo de vida de uma empresa. Seja nas fases de crescimento, de sustentação e de colheita.

As empresas em fase de crescimento possuem objetivos financeiros globais, tais como percentuais de crescimento da receita e aumento das vendas para determinados mercados, grupos de clientes e regiões. Nessa fase, os produtos dessas empresas têm grande potencial de crescimento e podem até operar com fluxos de caixa negativos e baixas taxas de retorno sobre o capital investido (KAPLAN; NORTON, 1997).

Na fase de sustentação, as empresas são direcionadas a obter excelentes retornos sobre o capital investido, pois se espera que mantenham sua participação de mercado. As empresas devem ter projetos de investimento e reinvestimento, ampliar a capacidade e buscar a melhoria contínua, em vez de de longos investimentos de retorno a longo prazo feitos na fase de crescimento. Normalmente, empresas na fase de sustentação estabelecem objetivos financeiros ligados à lucratividade, com vista a medir o quanto a organização está sustentando suas operações ou crescendo (KAPLAN; NORTON, 1997).

Na fase de colheita, as empresas não justificam mais investimentos significativos, apenas os suficientes para manter equipamentos e capacidade. Os investimentos devem ter períodos de retorno bem definidos e curtos. Os objetivos globais para empresas nessa fase seriam o fluxo de caixa operacional e a diminuição da necessidade de capital de giro (KAPLAN; NORTON, 1997).

Perspectiva dos clientes

Conforme Kaplan e Norton (1997), nessa perspectiva, as organizações identificam os segmentos de clientes e mercado nos quais irão atuar. Essa prática auxilia as empresas a alinharem suas métricas essenciais de resultados com segmentos específicos de clientes e mercado, como satisfação, fidelidade, retenção, captação e lucratividade.

Inicialmente, as empresas devem identificar os segmentos de mercado e clientes existentes e potenciais, levando em consideração as suas preferências, dimensões de preços, qualidade e funcionalidade.

Perspectiva dos processos internos

Para os processos internos, os objetivos procuram identificar os processos críticos para realização dos objetivos dos clientes e dos acionistas. As empresas procuram desenvolver objetivos e medidas para essa perspectiva e, em seguida, formular objetivos e medidas para as perspectivas financeiras e do cliente. Com essa sequência, as empresas podem focalizar os indicadores dos processos internos nos processos que conduzirão aos objetivos dos clientes e acionistas (KAPLAN; NORTON, 1997).

Cada empresa possui um conjunto de processos a fim de criar valor para os clientes e produzir resultados financeiros, porém pode-se constatar que uma cadeia de valor genérica serve de modelo para que as empresas possam se adaptar ao construírem essa perspectiva.

Perspectiva de aprendizado e crescimento

A perspectiva de aprendizado e crescimento procura identificar a infraestrutura que a empresa necessita para dar suporte às demais perspectivas do BSC. É a capacidade da empresa em renovar-se.

As principais categorias na elaboração do BSC são a capacidade dos funcionários, a capacidade dos sistemas de informação, motivação e alinhamento.

Ainda de acordo com Kaplan e Norton (1997), nos últimos anos, a postura dos funcionários de linha de frente permitiu melhorar os processos e o desempenho para os clientes. Essa mudança exige reciclagem dos funcionários para que suas capacidades criativas sejam mobilizadas no sentido dos objetivos organizacionais.

Nessa linha, Peter Senge (1998) afirma que as organizações apenas aprendem através de indivíduos que aprendem. Por essa razão, seria fundamental o investimento em reciclagem dos funcionários para o processo de aprendizagem na empresa.

No entanto, outras perspectivas podem ser acrescentadas ou os objetivos estratégicos desdobrados segundo a visão destas. A figura a seguir objetiva ilustrar a presença das perspectivas e os diferentes ambientes onde atuam.

FIGURA 14 – ATUAÇÃO DAS DIFERENTES PERSPECTIVAS

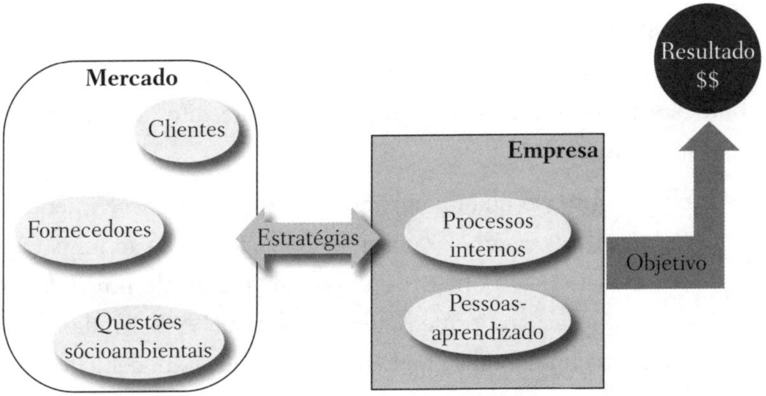

[Mercado: Clientes, Fornecedores, Questões sócioambientais] — Estratégias → [Empresa: Processos internos, Pessoas-aprendizado] — Objetivo → Resultado $$

Fonte: adaptado de Kaplan e Norton (1997).

4.3.2.4. Etapas de implementação do BSC

O modelo de elaboração proposto por Kaplan e Norton (1997) se divide em quatro fases principais.

- **definição da arquitetura de indicadores** – fase em que é definida a unidade de negócio onde será aplicado o *Balanced Scorecard* e identificadas as relações entre esta e a corporação, de forma a evitar o desenvolvimento de objetivos e medidas não compatíveis para a unidade de negócio ou prejudiciais a outras unidades de negócio ou a toda corporação;

- **consenso em função dos objetivos estratégicos** – busca-se, nessa etapa, o consenso quanto aos objetivos estratégicos de cada uma das quatro perspectivas, juntamente com a sua descrição detalhada;

- **escolha e elaboração dos indicadores** – fase em que são definidos os indicadores e as metas de superação para cada indicador. Visa também elaborar o material que irá comunicar as intenções e o conteúdo do *scorecard* da empresa para os demais colaboradores;

- **elaboração do plano de implementação** – etapa em que ocorre a aprovação final dos objetivos estratégicos, dos indicadores, de suas metas e dos planos de ação para alcançar as metas propostas e a de implementação do *Balanced Scorecard*.

Kaplan e Norton (1997) preveem, anteriormente ao processo de elaboração do *Balanced Scorecard* propriamente dito, atividades que devem ser definidas:

- obter consenso quanto aos motivos para o desenvolvimento do *Balanced Scorecard* – o consenso e o apoio da alta administração em relação aos motivos de desenvolvimento de um *Balanced Scorecard* são, conforme Kaplan e Norton (1997), fundamentais para uma implantação bem-sucedida, que citam como motivos: busca da clareza e consenso em relação à estratégia, obtenção do foco, descentralização e desenvolvimento de lideranças e intervenção estratégica;

- definição dos participantes do processo de elaboração, do arquiteto ou líder do projeto (responsável pela sua organização, filosofia e metodologia do projeto e desenvolvimento do *scorecard*) e dos demais integrantes do projeto, que normalmente são integrantes da alta administração.

1) Definição da arquitetura de indicadores

   a) seleção da unidade organizacional adequada – preferencialmente deve ter uma cadeia de valores completa – inovação, operações, marketing, vendas e serviços, ter seus próprios produtos ou serviços, clientes, instalações de produção e canais de distribuição. Não deve ter complicações em alocação de custos, nem transferências de preços de produtos ou serviços entre as unidades organizacionais;

   b) identificação das relações entre a unidade de negócios e a corporação – através de entrevistas com os principais executivos dos níveis divisionais e corporativo. O "arquiteto do sistema" (responsável pela implementação) deve conhecer os objetivos financeiros estabelecidos para a unidade (lucratividade, crescimento, fluxo de caixa), temas corporativos primordiais (meio ambiente, segurança, políticas em relação aos funcionários, competitividade de preços, inovação) e as relações com outras unidades (clientes comuns, competências essenciais, relacionamentos entre fornecedores e clientes internos).

2) Consenso em função dos objetivos estratégicos

   a) realização da primeira série de entrevistas – é fornecido a cada alto executivo um material sobre o *Balanced Scorecard*, a visão, a missão e a estratégia da empresa e da unidade. O arquiteto deve obter informações sobre o ambiente competitivo da unidade, tendências de tamanho e crescimento de mercado, bem como concorrentes e produtos concorrentes, preferências dos clientes e inovações tecnológicas. Após o executivo analisar o material, o arquiteto faz entrevistas com o intuito de obter informações sobre objetivos estratégicos e as ideias preliminares sobre as medidas para as quatro perspectivas do *Balanced Scorecard*. Essas entrevistas possuem objetivos implícitos, como induzir a tradução da estratégia e objetivos estratégicos em medidas tangíveis, conhecer as possíveis preocupações dos executivos e identificar os conflitos potenciais entre os participantes;

   b) sessão de síntese – tem como objetivo reunir e discutir todas as respostas obtidas nas entrevistas, preparar uma relação preliminar dos objetivos e medidas que servirão de base para a primeira reunião com a alta administração. Também são discutidas as impressões em relação às resistências pessoais e organizacionais quanto ao *Balanced Scorecard* e às mudanças gerenciais que seguirão ao seu lançamento;

   c) *Workshop* executivo – objetiva dar início ao processo de consenso em relação ao *scorecard*. O arquiteto facilita uma discussão sobre as declarações de missão e de estratégia até obter consenso. Depois, cada perspectiva é abordada de forma sequencial. Para cada perspectiva são discutidos todos os objetivos potenciais, então se selecionam (por votação) os três ou quatro mais importantes. Para os objetivos mais votados, a equipe cria uma descrição através de uma única frase ou um único parágrafo. Faz-se então um *brainstorm* sobre os indicadores para os objetivos.

3) Escolha e elaboração dos indicadores

   a) reunião dos subgrupos – cada subgrupo, juntamente com o arquiteto, trabalhará durante várias reuniões com o objetivo de refinar as descrições dos objetivos estratégicos, identificar o(s) indicador(es) que melhor comunicam a intenção de cada objetivo, e, para cada proposição, identificar as fontes e as ações que podem ser necessárias para disponibilizar as informações e identificar as relações críticas entre os indicadores de cada perspectiva, bem como entre essa e as demais perspectivas do *Balanced Scorecard*;

   b) II *workshop* executivo – envolvendo a equipe da alta administração, seus subordinados diretos e um número maior de gerentes de nível médio, debatem-se a visão, a estratégia, os objetivos e os indicadores experimentais da organização para o *Balanced Scorecard*. Os resultados dos subgrupos são apresentados. Os participantes comentam os indicadores propostos e desenvolvem o plano de implementação. Ao final do *workshop*, deve ser elaborada uma brochura que comunique as intenções e o conteúdo do *scorecard* a todos os colaboradores da unidade de negócio. Deve-se estabelecer também as metas de superação para cada indicador, para os próximos três a cinco anos.

4) Elaboração do plano de implementação

   a) desenvolvimento do plano de implementação – uma nova equipe formalizará as metas de superação e desenvolverá um plano de implementação para o *scorecard*. Deverá ser desenvolvido um sistema de informações executivas que vincule as métricas de alto nível ao chão de fábrica e às medidas operacionais de cada local;

   b) III *workshop* executivo – visa chegar à decisão sobre a visão, os objetivos e os indicadores desenvolvidos nos outros dois *workshops* e validar as metas propostas pela equipe de implementação. Identificará programas de ação preliminares para alcançar as metas e alinhará as várias iniciativas de mudança aos objetivos, indicadores e metas do *scorecard*. Deverá, ao final, ter acordado quanto ao programa de implementação que objetivará comunicar o *scorecard* aos colaboradores, integrar o *Balanced Scorecard* à filosofia gerencial e desenvolver um sistema de informações que sustente o *scorecard*;

c) finalização do plano de implementação – o *Balanced Scorecard* deverá ser integrado ao processo gerencial, devendo ser utilizado no prazo de 60 dias. No início, com as melhores informações disponíveis, até ter sido totalmente implementado, e os sistemas de informações gerenciais terem sido ajustados ao processo.

Conforme Kaplan e Norton (1997, p. 323), um projeto típico de implementação do *scorecard* pode durar 16 semanas ou menos, dependendo da disponibilidade dos executivos para entrevistas, *workshops* e reuniões de subgrupos.

Mas, é necessário destacar o comentário dos mesmos autores que afirmam:

> Uma das vantagens de estender o projeto por um período de 16 semanas é que a alta administração terá tempo entre os eventos programados: entrevistas, *workshops* executivos e reuniões de subgrupos, para considerar e refletir sobre a estrutura evolutiva do *Balanced Scorecard* e a estratégia, o sistema de informações e, mais importante, os processos gerenciais que ele representará.

4.3.2.5. Mapas estratégicos

O mapa estratégico é a representação visual da estratégia, mostrando em uma única página como os objetivos nas quatro perspectivas se integram e combinam para descrevê-la. Cada empresa adapta o mapa ao seu conjunto específico de objetivos estratégicos.

Segundo Kaplan e Norton (2004), o conceito de mapa estratégico foi estruturado a partir da análise de vários *scorecards*. O conceito seria uma padronização das experiências de implementação de *scorecards* anteriores, objetivando o mapeamento da estratégia. Os mapas estratégicos devem descrever a estratégia da organização através de relações de causa e efeito entre objetivos estratégicos.

Os mapas estratégicos podem ser entendidos como uma evolução dos encadeamentos das relações de causa e efeito demonstradas no BSC.

Assim, a principal diferença entre o *scorecard* de 1996 e o mapa estratégico é que este deveria partir do objetivo estratégico maior, sendo desencadeado em outros objetivos estratégicos.

4.3.2.6. Reflexões sobre o Balanced Scorecard

Segundo Bontis *et al.* (*apud* WERNKE, LUNKES e BORNIA, 2002), as quatro perspectivas constituem um fator de rigidez do *Balanced Scorecard*, mesmo sob o argumento de seus criadores que, caso tenha necessidade, pode-se ampliar o número de perspectivas, mas a crítica permanece, pois o aumento delas está condicionado à ocorrência de ações críticas.

Miranda *et al.* (*apud* WERNKE, LUNKES e BORNIA, 2002) sugerem a inclusão da perspectiva fornecedor no BSC. Kaplan e Norton recomendam que essas métricas sejam computadas dentro da perspectiva de processos internos do negócio. No entanto, os autores que defendem essa segregação argumentam que, para muitas empresas, o relacionamento com os fornecedores é tão importante quanto o relacionamento com os clientes. Uma vez que, como bem colocam Shank e Govindarajan (*apud* WERNKE, LUNKES e BORNIA, 2002), o reflexo nos estoques é a falta de coordenação com este elo. E essa falta de coordenação pode se transformar em custos para a empresa.

Udpa (*apud* WERNKE, LUNKES e BORNIA, 2002) menciona outras limitações do BSC, dentre as quais: o emprego de medidas genéricas, o fato de o BSC não considerar mais especificamente o impacto de fatores incontroláveis que ocorrem no ambiente empresarial, e variações cambiais ou entrada de novos concorrentes no segmento.

Há também o fato de que parte dos indicadores propostos pelo BSC são difíceis de serem quantificados e monitorados, pois são indicadores intangíveis que têm sua variação decorrente dos ambientes interno e externo à organização.

Quanto ao fato de os meios serem confundidos com os fins, Kaplan e Norton (1996) colocam que, na verdade, o BSC não propõe a substituição das medidas financeiras, mas a sua complementação com as medidas não financeiras.

Já quanto à dificuldade de definição das relações entre os objetivos e indicadores, os autores afirmam que um conjunto de medidas não garante uma estratégia vencedora, pois os gestores devem estar atentos à definição da estratégia e do plano para implementá-la.

Sobre a simplicidade do BSC, considerada como uma desvantagem por alguns, pode também se apontada como uma vantagem, pois é um instrumento simples, com poucas medidas. Na verdade, o problema está no processo de modelagem, no qual os "arquitetos" devem refletir seriamente para evitar que variáveis importantes sejam negligenciadas (WERNKE, LUNKES e BORNIA, 2002).

Enfim, percebe-se que as considerações feitas ao BSC estão relacionadas à falha na definição da estratégia e não à própria ferramenta. Adicionalmente, deve-se destacar que a utilização do BSC pode trazer vários benefícios para a organização, tais como:

- o BSC contribui significativamente para o alinhamento dos indicadores de resultados com indicadores de tendência, de forma lógica e estratégica, pois não está apenas focado no desempenho financeiro da empresa, contemplando também as medidas não financeiras;
- o BSC permite a comunicação da estratégia: segundo Kaplan e Norton (1997, p. 154), o BSC descreve a visão de futuro da empresa para toda a organização, de modo a criar aspirações compartilhadas, ou seja, um modelo holístico da estratégia, mostrando a todos os funcionários como eles podem contribuir para o sucesso organizacional;
- o BSC facilita o direcionamento e o foco nas ações, minimizando a carga de informações a analisar, porque enfoca os objetivos mais críticos, limitando o número de indicadores utilizados;

- o modelo é flexível, uma vez que trata a estratégia e o mapa estratégico como um instrumento vivo a ser monitorado e testado, continuamente.

EXERCÍCIOS DE FIXAÇÃO

(extraídos de Gitman (2010) e Neves e Viceconti (2002)

01. O que explicaria haver em uma empresa, ao mesmo tempo, uma margem de lucro bruto alta e uma margem de lucro líquida baixa?

R.: A margem de lucro bruto mede os lucros operacionais que representam o lucro puro, pois medem apenas o lucro sobre as operações e desconsideram juros, impostos e dividendos de ações preferenciais. Esse índice é de especial importância para pequenos varejistas, especialmente durante períodos inflacionários. Se o proprietário da empresa não elevar os preços com o aumento do custo das vendas, a margem de lucro decairá. A margem de lucro líquido é uma medida frequentemente associada ao sucesso de uma empresa em relação ao lucro obtido com as vendas. Sendo que uma boa margem de lucro líquido varia consideravelmente de setor para outro. Esse indicador dá maior ênfase aos acionistas ordinários.

02. Sob quais circunstâncias o índice de liquidez corrente é a medida preferível da liquidez geral de uma empresa?

R.: Quando itens como o estoque forem líquidos, ou seja, são facilmente vendidos, o melhor é utilizar o índice de liquidez corrente.

03. Sob quais circunstâncias o índice de liquidez seca é preferível?

R.: Inicialmente, deve-se ter em mente que a análise de um índice de liquidez seca depende do setor da economia em questão. Tal índice só fornece uma medida melhor de liquidez geral quando o estoque da empresa não pode ser facilmente convertido em caixa. Se o estoque for líquido, o índice de liquidez corrente será uma medida preferível da liquidez geral.

Capítulo 4 – Avaliação de desempenho

04. Preencha o balanço patrimonial de 2010 da Bons Tempos Indústrias S/A usando as informações fornecidas

Bons Tempos Indústrias S/A
balanço patrimonial
31 de dezembro de 2010

ativo		passivo e patrimônio líquido	
caixa	32.720	Fornecedores	120.000
títulos negociáveis	25.000	bancos a pagar	
contas a receber		despesas a pagar	20.000
estoques		passivo total circulante	
ativo total circulante		exigível de longo prazo	
ativo imobilizado líquido		patrimônio líquido	600.000
ativo total		passivo total e patrimônio líquido	

Estão disponíveis os seguintes dados financeiros de 2010:

a) As vendas totalizaram $1.800.000.
b) A margem de lucro bruto foi de 25%.
c) O giro do estoque foi de 6,0.
d) O ano tem 365 dias.
e) O prazo médio de recebimento foi de 40 dias.
f) O índice de liquidez corrente foi de 1,60.
g) O índice de giro do ativo total foi de 1,20.
h) O índice de endividamento geral foi de 60%.

Solução:

Bons Tempos Indústrias S/A
balanço patrimonial
31 de dezembro de 2010

ativo		passivo e patrimônio líquido	
caixa	32.720	Fornecedores	120.000
títulos negociáveis	25.000	bancos a pagar	160.000(e)

Bons Tempos Indústrias S/A
balanço patrimonial
31 de dezembro de 2010

ativo		passivo e patrimônio líquido	
contas a receber	197.280(a)	despesas a pagar	20.000
estoques	225.000(b)	passivo total circulante	300.000(d)
ativo total circulante	480.000(c)	exigível de longo prazo	600.000(f)
ativo imobilizado líquido	1.020.000	patrimônio líquido	600.000
ativo total	1.500.000	passivo total e patrimônio líquido	1.500.000

(a) prazo médio de recebimento (pmr) = 40 dias
pmr = contas a receber / vendas médias diárias
40 = contas a receber /(1.800.000/365)
40 = contas a receber / 4932
197.280 = contas a receber

(b) giro do estoque = 6,0
giro do estoque = custo das mercadorias vendidas/estoque
6,0 = [vendas x (1 – mg de lucro bruta)]/ estoque
6,0 = [1.800.000 x (1-0,25)]/estoque
225.000 = estoque

(c) giro do ativo total = 1,20
giro do ativo total = vendas / ativo total
1,20 = 1.800.000/ativo total
1.500.000 = ativo total
ativo total = ativo circulante + ativo imobilizado líquido
1.500.000 = 480.000 + ativo imobilizado líquido
1.020.000 = ativo imobilizado líquido

(d) índice de liquidez corrente = 1,60
índice de liquidez corrente = ativo circulante / passivo circulante
1,60 = 480.000/ passivo circulante
300.000 = passivo circulante

(e) bancos a pagar = passivo total circulante – contas a pagar – despesas a pagar
= 300.000 -120.000 – 20.000
= 160.000

(f) índice de endividamento geral = 0,60
índice de endividamento geral = passivo total/ativo total
0,60 = passivo total / 1.500.000
900.000 = passivo total
passivo total = passivo circulante +dívida de longo prazo
900.000 = 300.000 + dívida de longo prazo
600.000 = dívida de longo prazo

05. A análise das demonstrações financeiras tem como finalidade:

a) extrair dados da contabilidade para elaboração das demonstrações contábeis.

Capítulo 4 – Avaliação de desempenho

b) transformar os dados financeiros em dados econômicos para a tomada de decisão.

c) extrair informações econômico-financeiras dos dados constantes das demonstrações contábeis.

d) transformar os dados econômicos em dados financeiros para a tomada de decisão.

e) revisar as demonstrações financeiras, para prevenir quanto a possíveis erros ou omissões.

Gabarito: letra E

Comentário: a análise das demonstrações financeiras objetiva obter informações econômico-financeiras extraídas das demonstrações contábeis. Essa definição está na alternativa "c". A alternativa "a" fala em elaborar as demonstrações contábeis. Na realidade, a análise das demonstrações é feita após a elaboração dessas. As alternativas "b" e "d" falam em transformação de dados para tomada de decisão, por isso o que está errado é o termo transformação de dados. Como o próprio nome da técnica diz, é a análise das demonstrações contábeis, e não transformação das demonstrações contábeis.

06. Na análise das demonstrações financeiras, os processos mais utilizados são os seguintes:

a) vertical, por comparação e por diferenças;

b) vertical, médias móveis e por quocientes;

c) horizontal, por comparação e vertical;

d) por quociente, horizontal e por projeção;

e) vertical, horizontal e por quociente.

Gabarito: letra E

Comentário: a análise das demonstrações financeiras pode ser realizada por meio de três formas: análise vertical, análise horizontal ou por quocientes. Comparação, médias móveis ou por projeção não são métodos de análise das demonstrações financeiras.

07. A finalidade principal da análise horizontal é verificar:

a) a situação específica de uma empresa;
b) se a empresa obteve lucros satisfatórios em relação às aplicações efetuadas;
c) a participação percentual dos componentes das demonstrações financeiras;
d) o quociente dos elementos formadores das demonstrações financeiras;
e) a evolução dos elementos que formam as demonstrações financeiras.

Gabarito: letra E

Comentário: a alternativa "a" trata genericamente sobre qual é a situação de uma empresa, a qual precisa ser analisada por mais de uma técnica. A alternativa "b" faz menção à rentabilidade da empresa. A alternativa "c" trata da análise vertical. A alternativa "d" refere-se à análise por quocientes. Já a alternativa "e" resume a finalidade da análise horizontal.

08. Das demonstrações financeiras da Cia. Boa Sorte, conseguiram-se os seguintes dados e informações inerentes aos exercícios sociais encerrados em 2009 e 2010, respectivamente (em R$).

Elementos	2009	2010
estoques	35.900	64.100
custo das mercadorias vendidas	–	360.000
duplicatas a receber	25.000	35.000
vendas a prazo	–	240.000
fornecedores	77.000	103.000
compras a prazo	–	540.000

Com os dados, pode-se afirmar que os prazos médios da rotação de estoques, do recebimento de clientes e de pagamento a fornecedores são, respectivamente:
a) 50, 45 e 60 dias;
b) 100, 90 e 120 dias;
c) 60, 45 e 50 dias;
d) 120, 90 e 100 dias;
e) 45, 50 e 60 dias.

Solução: letra A

1) giro do estoque
giro do estoque = cmv / estoque médio
giro = 360.000/50.000
giro = 7,2
prazo = 360 / giro = 50 dias

2) recebimento de clientes
giro = vendas a prazo / média de valores a receber
giro = 240.000/30.000
giro = 8,0
prazo = 360 / giro = 45 dias

3) pagamento a fornecedores
giro = compras a prazo / média de fornecedores
giro = 540.000/90.000
giro = 6,0
prazo = 360 / giro = 60 dias

09. (UnB/CESPE – TCE/AC/2009) – Cada item a seguir apresenta a definição de algum índice utilizado na análise de balanços.

I. Demonstra quanto a empresa possui de bens e direitos circulantes, diminuídos do valor dos estoques, para pagar cada real de dívida a curto prazo.

II. Mede a capacidade que a empresa possui para pagar suas dívidas com terceiros.

III. Demonstra a rentabilidade percentual do capital próprio.

IV. Mostra o número de vezes que as duplicatas a receber foram renovadas no período analisado.

Assinale a opção que relaciona, na sequência correta, os índices de I a IV definidos acima.

a) liquidez seca, solvência geral, retorno do capital próprio, rotação de duplicatas a receber
b) liquidez corrente, solvência geral, grau de alavancagem financeira, rotação de duplicatas a receber;
c) liquidez corrente, grau de endividamento, grau de alavancagem financeira, rotação de duplicatas a receber
d) liquidez seca, composição do endividamento, grau de alavancagem financeira, prazo médio de cobrança
e) liquidez imediata, composição do endividamento, retorno do capital próprio, rotação de duplicatas a receber

Gabarito: letra A

Comentário: a afirmação I refere-se ao índice de liquidez seca, pois exclui os estoques do cálculo do índice. O iten II trata da solvência na medida em que fala de honrar dívidas com terceiros. O item III trata do retorno sobre o patrimônio líquido ou capital próprio. A assertiva IV trata do giro da conta clientes ou duplicatas a receber. Sequência correta: liquidez seca, solvência geral, retorno do capital próprio e rotação de duplicatas a receber.

10. (UnB/CESPE – TCE/AC/2009) – Um sistema de controle gerencial bem projetado, que tenha como foco a contabilidade por responsabilidade, ajuda e coordena o processo de decisões e motiva os indivíduos da organização a atuar harmoniosamente, facilitando a previsão dos níveis de receita e criando as condições para o direcionamento dos custos, do orçamento, da mensuração e da avaliação do desempenho. Com relação a esse assunto, assinale a opção incorreta.

a) O primeiro e mais básico componente de um sistema de controle gerencial é constituído pelas metas da organização.
b) Um centro de responsabilidade deve envolver necessariamente as atividades e os recursos designados ao gestor ou ao grupo de gestores.

c) No desenvolvimento das medidas de desempenho, devem ser considerados os aspectos financeiros e não financeiros.

d) O *balanced scorecard* é um sistema de monitoramento de resultados que divide os indicadores de desempenho entre aqueles que geram lucro diretamente e outros, que apenas influenciam indiretamente a geração de lucro.

e) O projeto de sistema de controle gerencial deve também ponderar os custos e os benefícios das várias opções disponíveis, levando em conta as necessidades da organização.

Gabarito: letra D

Comentário: em relação a um sistema de controle gerencial, todas as alternativas estão corretas. A única alternativa incorreta é a letra "d", pois diz que o BSC divide os indicadores em aqueles que geram lucro e os que não geram. Na verdade, o BSC divide a avaliação em perspectivas de medidas financeiras e não financeiras. Uma prática que não significa que uma medida não financeira, por exemplo, é o prazo de atendimento a clientes, que não adicione valor à organização e, consequentemente, gera lucros. Por isso, a alternativa "d" está errada.

11. FUMARC – 2011 – BDMG – Analista de Sistemas

Em relação ao alinhamento estratégico de TI com o negócio e *balanced scorecard* (BSC), analise as seguintes afirmativas:

I. O alinhamento estratégico de TI é bidirecional, ou seja, tanto é influenciado pela estratégia de negócio quanto pode influenciá-la.

II. O *balanced scorecard* (BSC) permite o alinhamento das iniciativas de TI (projetos, ações e serviços) aos objetivos estratégicos do negócio nas perspectivas financeira, do cliente, dos processos internos e de aprendizado e crescimento.

III. O mapa estratégico é uma representação visual das relações de causa e efeito entre os objetivos estratégicos nas quatro perspectivas do *balanced* (BSC).

Marque a alternativa CORRETA:
a) apenas as afirmativas I e II são verdadeiras.
b) apenas as afirmativas I e III são verdadeiras.
c) apenas as afirmativas II e III são verdadeiras.
d) todas as afirmativas são verdadeiras.

Gabarito: letra D

Comentário: a assertiva I é um pouco controversa. No geral, há autores que defendem que a estratégia de TI influencia e é influenciada pela estratégia de negócio. Ela interage bidirecionalmente com a infraestrutura e os processos de TI, com a infraestrutura e os processos de negócio. A assertiva II está correta, uma vez que o *Balanced Scorecard* (BSC) é apresentado na literatura como um instrumento de gestão que possibilita o alinhamento da organização com a sua estratégia, inclusive da área de TI. A assertiva III está correta, pois é esse o objetivo do mapa estratégico: representar visualmente as relações de causa e efeito que existem entre os objetivos estratégicos delineados para a organização em questão. Sendo assim, todas as alternativas são verdadeiras.

12. CESGRANRIO – 2011 – TRANSPETRO

Robert Kaplan e David Norton desenvolveram, nos anos 1990, o *balanced scorecard*. Trata-se de um modelo de sistema de medição de desempenho – ou, como preferem os autores, de um sistema de gestão estratégica – que se estrutura em quatro perspectivas básicas, agregando outros enfoques às metodologias tradicionais, centradas somente no aspecto financeiro.

As quatro perspectivas em que se estrutura o *balanced scorecard* são:
a) laboral; clientes; processos internos; treinamento
b) laboral; processos externos; fornecedores; aprendizado e crescimento organizacional
c) financeira; clientes; processos externos; aprendizado e crescimento organizacional

d) financeira; clientes; processos internos; aprendizado e crescimento organizacional

e) financeira; fornecedores; clientes; processos internos

Gabarito: letra D

Comentário: a proposta do BSC feita pelos seus criadores Kaplan e Norton é de quatro perspectivas: financeira, de clientes, processos internos e aprendizado e crescimento.

13. CESPE – 2010 – INMETRO – Analista – Ciências Contábeis

Entre as críticas que se faz ao ROI está a de poder desestimular investimentos que estejam abaixo do ROI habitual, mas acima do custo de capital da empresa. Para contornar esse problema, foi desenvolvido o conceito de lucro residual, do qual deriva o:

a) *balanced scorecard* (BSC).

b) *economic value added* (EVA).

c) *activity-based costing* ou custeio (ABC).

d) custo padrão.

e) *target costing* ou custo meta.

Gabarito: letra B

Comentário: o ROI ou retorno sobre investimento é a base para o desenvolvimento do conceito de valor econômico agregado (EVA). O *balanced scorecard* é um modelo de avaliação de desempenho, mas não está relacionado com o ROI. O custeio ABC é um método de custeio, assim como o custeio por absorção. Logo, não se relaciona ao ROI. O custo-padrão é um método para se avaliar as variações quanto ao planejado/orçado em relação ao realizado. Por fim, o *target costing* é um método de melhoria e redução de custos adotado durante a fase de projeto de um produto.

Levando em conta essas considerações, temos como a alternativa correta a letra "b".

14. FMP-RS – 2011 – TCE-RS – Auditor Público Externo – Administração

Kaplan e Norton desenvolveram importante ferramenta que pode se constituir em um meio muito efetivo de controle do planejamento e de uma organização. Aponte a alternativa que melhor se relaciona ao conceito e à aplicação dessa ferramenta.

a) Utiliza sempre obrigatoriamente quatro perspectivas: financeira, de clientes, processos internos e aprendizado e inovação. A ferramenta BSC tem como premissa que as organizações devem tomar suas decisões baseadas em um universo maior de instrumentos que possibilitem um equilíbrio entre as forças existentes dentro da organização, e permite a análise e acompanhamento de indicadores de cada uma das perspectivas.

b) Por vezes, a ferramenta BSC é erroneamente entendida como um modelo de gestão estratégica integrada. Trata-se, na verdade, fundamentalmente, de uma ferramenta de mensuração.

c) No processo de traduzir a estratégia em objetivos e medidas mensuráveis, as quatro perspectivas do *balanced scorecard* estabelecem um diálogo entre os formuladores de estratégias e os *stakeholders* da organização.

d) Com relação às metas de um projeto de BSC, percebe-se que podem ser retratadas sempre por meio de textos que apresentem análises qualitativas, percepções e entendimentos de colaboradores de uma organização pública ou privada.

e) A perspectiva mais importante para o BSC sempre é a dos clientes, que se traduz pela sociedade, razão de existir das instituições públicas. A perspectiva financeira sempre deve ficar condicionada aos indicadores mais adequados sob a ótica da perspectiva dos clientes.

Gabarito: letra C

Comentário: a alternativa "a" está errada, pois menciona perspectiva de aprendizado e inovação. Na realidade, é aprendizado e crescimento. A alternativa "b" é falsa, pois o BSC é um modelo de avaliação de desempenho. A letra "c" explicita parte do processo de implantação do BSC em uma organização. A alternativa "d" é falsa, pois as análises podem ser quantitativas, uma vez que os objetivos serão desdobrados em indicadores e metas. A alternativa "e" é errada porque todas as perspectivas são importantes em um BSC, que significa painel equilibrado. Se é equilibrado, então todas as perspectivas precisam ter pesos equivalentes.

15. FCC – 2011 – TRT – 23ª REGIÃO (MT) – Analista Judiciário

Na aplicação do método do *balanced scorecard* ao planejamento estratégico do Poder Judiciário é essencial:

a) definir limites de gastos com as reformas previstas nos planejamentos estratégicos setoriais.

b) identificar os processos internos críticos para a realização das necessidades dos cidadãos que acessam a justiça.

c) definir a missão da justiça com base na perspectiva do conjunto dos funcionários.

d) subordinar o acesso aos serviços judiciários ao cálculo de custo unitário dos procedimentos.

e) estabelecer procedimentos que não precisam seguir a legislação.

Gabarito: letra B

Comentário: de todas as alternativas apresentadas, a única que traz aspectos sobre as perspectivas do BSC (financeira, clientes, processos internos e aprendizado e crescimento) é a alternativa "b". A alternativa "a" fala em limite de gastos. A metodologia do BSC não se aplica a isso. A alternativa "c" refere-se a missão. A missão de uma organização é definida durante a elaboração do planejamento estratégico. A alternativa "d" menciona condicionar a oferta de serviços judiciários a um custo. Isso também não é objetivo do BSC. Por último, a alternativa "e" menciona estabelecer procedimentos, fator que também não é uma das aplicações do BSC.

16. FCC – 2011 – TRT – 23ª REGIÃO (MT) – Técnico Judiciário

Como recurso para a implantação do planejamento estratégico, o *balanced scorecard*:

a) procura subordinar as missões de cada funcionário aos objetivos estratégicos dos membros da direção da organização.
b) foca o equilíbrio entre objetivos estratégicos pessoais e as metas gerais da organização.
c) implica a criação de uma série de indicadores de desempenho voltados para a realização dos objetivos estratégicos da organização.
d) define os objetivos táticos da organização com base na avaliação mútua de todos os funcionários, os parceiros e os clientes.
e) desenvolve o equilíbrio entre as habilidades e os comportamentos dos funcionários necessários a um bom clima organizacional.

Gabarito: letra C

Comentário: a alternativa "a" está errada, pois o BSC não vincula a missão das pessoas aos objetos de outros membros. O que deve predominar é a estratégia da organização e as missões de cada área estarem de acordo com a estratégia global.

A alternativa "b" está errada, porque fala em objetivos pessoais. O BSC trata dos objetivos globais da organização e dos objetivos de cada área. Não há que se falar em objetivos pessoais, que podem vir a ser divergentes dos objetivos da organização.

A alternativa "c" é verdadeira, pois o BSC é uma metodologia de auxílio ao desdobramento da estratégia em objetivos estratégicos e indicadores de desempenho.

A alternativa "d" está errada, uma vez que os objetivos estratégicos, táticos ou operacionais não são definidos com base em avaliação das pessoas. São descritos objetivos importantes para a concretização da estratégia.

Os recursos indicados na "e" não fazem parte do objetivo do BSC em gerir o clima da organização.

17. CESPE – 2011 – FUB – Engenheiro – Controle de Qualidade

No que diz respeito à gestão da produção, julgue o item:

O método BSC (*balanced scorecard*) é utilizado para aferir e dirigir todas as ações de uma empresa, independentemente da estratégia adotada na organização. ( ) V ; ( ) F

R.: Falso

Comentário: o BSC é uma metodologia que auxilia o desdobramento da estratégia em objetivos, metas e indicadores. Serve para colocar a estratégia em ação. Sendo assim, a estratégia adotada é de suma importância. Por esse motivo, a assertiva é falsa.

18. CESPE – 2011 – FUB – Contador

Com respeito ao uso de custos para tomada de decisões e ao sistema de custos e informações gerencial, julgue o item a seguir.

Balanced scorecard é um conjunto integrado de medidas de desempenho financeiro, de clientes, de processos internos e de aprendizagem e crescimento, que visam apoiar a estratégia da empresa. ( ) V ; ( ) F

R.: Verdadeiro

Comentário: as perspectivas do BSC são a financeira, clientes, processos internos e apredizado e crescimento. A finalidade do BSC é acompanhar a estratégia através do seu desdobramento em objetivos estratégicos, metas e indicadores, bem como promover o alinhamento de todos recursos com a concretização da estratégia.

19. FCC – 2010 – TRE-AC – Analista Judiciário – Área Judiciária

Considere as seguintes afirmativas sobre o BSC (*balanced scorecard*).

I. O BSC tem como principal característica possibilitar o acompanhamento da estratégia por meio de indicadores de desempenho.

II. O BSC tem como principal característica avaliar a priorização dos problemas encontrados dentro da entidade.

III. O BSC mostra a importância relativa de diferentes aspectos de um problema, porém de difícil identificação de quais aspectos devem ser solucionados primeiro.

Está correto o que se afirma APENAS em
a) I.
b) I e II.
c) II.
d) II e III.
e) III.

Gabarito: letra A

Comentário: a assertiva I está correta, uma vez que o BSC almeja acompanhar a estratégia através do seu desdobramento em objetivos estratégicos dentro das quatro perspectivas básicas. A assertiva II está incorreta, porque o BSC não tem como objetivo principal priorizar e solucionar problemas. O item III está errado, pois o BSC não é uma ferramenta de solução de problemas.

20. FCC – 2010 – TRE-AC – Técnico Judiciário – Área Administrativa

A principal característica do *balanced scorecard* (BSC) é:
a) possibilitar o acompanhamento da gestão estratégia por meio de indicadores de desempenho.
b) estabelecer a relação de causa e efeito entre as ações e resultados.
c) assegurar os recursos orçamentários necessários para a execução da estratégia.
d) assegurar que a gestão estratégica ocorra em um determinado período de tempo.
e) constatar os motivos e causas de problemas.

Gabarito: letra B

Comentários: o principal objetivo do BSC é o alinhamento do planejamento estratégico com as ações operacionais da empresa. Com esse conceito em mente, percebemos que a alternativa "a" é muito restrita e não traduz a finalidade do BSC. Na alternativa "c" a manção de assegurar recursos orçamentários está fora da abrangência do BSC. A alternativa "d" fala em assegurar que a gestão estratégica ocorra em um determinado período de tempo, o BSC auxilia, acompanha a gestão. Não consegue assegurar que ocorra em certo período. Na alternativa "e" o BSC não é uma ferramenta de detecção de causa e efeito de problemas.

21. CESGRANRIO – 2011 – Petrobrás – Administrador Júnior

As informações abaixo foram extraídas das demonstrações financeiras de uma empresa.

Caixa = R$ 2.500,00

Contas a receber = R$ 10.000,00

Contas a pagar = R$ 6.000,00

Custo do capital investido = R$ 20.000,00

Depreciação = R$ 5.000,00 por período

Estoques = R$ 2.500,00

Lucro operacional líquido = R$ 100.000,00

Lucro bruto = R$ 120.000,00

Considerando-se os valores acima, o valor econômico agregado (EVA), em reais, foi de:

a) 80.000,00
b) 91.000,00
c) 97.500,00
d) 100.000,00
e) 121.000,00

Gabarito: alternativa A

Solução:

Lucro operacional líquido (−) Custo do capital investido = VEA ou EVA®

R$ 100.000,00 (−) R$ 20.000,00 = R$ 80.000,00

22. CESPE – 2009 – ANTAQ – Especialista em Regulação – Economia

As demonstrações financeiras são importantes instrumentos complementares da gestão financeira. Além da análise feita por meio dos índices financeiros, são utilizadas outras medidas de avaliação de desempenho das empresas. Acerca desse assunto, julgue o próximo item.

Considere que, em determinada sociedade anônima, a mensuração do desempenho financeiro, por meio do cálculo do EVA (*economic value added*), tenha indicado que a empresa está gerando lucros menores que os custos dos capitais empregados. Essa situação indica um EVA positivo, aumentando a riqueza dos seus sócios. ( ) V; ( ) F

R.: Falso

Comentário: o valor econômico agregado (EVA) é o valor que a empresa agrega após remunerar todos os recursos investidos, quer sejam financiados pelo custo do capital obtido de terceiros ou pelo custo do capital próprio. Se a empresa está gerando lucros menores que os recursos investidos nela (nesse caso, capital próprio), isso significa que ela está obtendo um EVA negativo, ou seja, não está aumentando a riqueza dos seus sócios. Pelo exposto, a questão é falsa.

23. CESPE – 2009 – ANTAQ – Especialista em Regulação – Economia

O EBITDA (*earning before interests, taxes, depreciation and amortization*) é um indicador de desempenho que não se restringe aos custos operacionais diretamente administráveis pela empresa, podendo ser apurado a partir do lucro operacional líquido antes dos impostos, adicionando-se juros, depreciação e amortização. ( ) V; ( ) F

R.: Verdadeiro

Comentário: EBITDA é um indicador financeiro bastante utilizado pelas empresas de capital aberto e pelos analistas de mercado. A sigla corresponde a *earning before interests, taxes, depreciation and amortization*, ou seja, lucro antes dos juros, impostos, depreciação e amortização. O EBITDA representa a geração operacional de caixa da companhia, ou seja, o quanto a empresa gera de recursos apenas em suas atividades operacionais, sem levar em consideração os efeitos financeiros e de impostos. Um primeiro passo é calcular o lucro operacional, obtido como a subtração, a partir da receita líquida do custo das mercadorias vendidas (CMV), das despesas operacionais e das despesas financeiras líquidas (despesas menos receitas com juros e outros itens financeiros). Para calcular o EBITDA é preciso somar ao lucro operacional a depreciação e amortização inclusas no CMV e nas despesas operacionais. Isso porque essas contas não representam saída de caixa efetiva no período. Por essas considerações a alternativa está correta.

capítulo · 5

Sistemas de informações gerenciais – SIG

Antes de se falar em sistemas de informações, é necessário definir o que é dado, informação e comunicação.

Padoveze (2002) afirma que dado é o registro puro, ainda não interpretado, analisado e processado. São os elementos que compõem a informação que, isoladamente, não possuem significado algum.

A informação é o dado que já foi moldado em um formato significativo e útil para seres humanos (LAUDON e LAUDON, 2007).

Comunicação é o processo de transmissão de informação e de compreensão que somente se efetiva mediante uso de linguagem e símbolos comuns às pessoas envolvidas.

Em síntese, informação é um dado que já foi tratado e/ou analisado. E a comunicação se efetiva quando essas informações são transmitidas para um receptor.

5.1. AMBIENTE DE SISTEMA

Oliveira (*apud* PADOVEZE, 2002) define ambiente de sistema como o conjunto de elementos que não pertencem ao sistema, mas qualquer alteração no sistema pode mudar ou alterar os elementos. Ainda, qualquer alteração nos elementos pode mudar ou alterar o sistema.

Com isso, o citado autor explica que o ambiente de sistema está relacionado aos limites do sistema. A importância do ambiente reside no fato de os fatores que o compõem terem interação e a consequente influência sobre o sistema.

Por sua vez, o processo de transformação do sistema pode ser definido como a função ou as funções, já que possibilitam a transformação dos insumos (entradas e recursos) em um produto ou serviço final (as saídas do sistema). Esse processo é a maneira pela qual os elementos componentes interagem no sentido de produzir as saídas (PADOVEZE, 2009).

Bio (2008) ensina que um sistema pode compor-se, sucessivamente, de subsistemas que se relacionam entre si, compondo o sistema maior. Os subsistemas têm seus objetivos específicos, todos correlacionados para o objetivo final do sistema.

Assim, tem-se como exemplos de subsistemas dentro do sistema de informação da empresa o subsistema de gestão de produção, o subsistema de contabilidade, o subsistema de vendas e marketing (LAUDON e LAUDON, 2007).

5.2. FUNDAMENTOS DE SISTEMAS DE INFORMAÇÕES

Padoveze (2009) define sistema de informação como sendo um conjunto de recursos humanos, materiais, tecnológicos e financeiros agregados segundo uma sequência lógica para o processamento de dados e tradução em informações, para com o seu produto, o que permite às organizações o cumprimento de seus objetivos principais.

Os sistemas de informação classificam-se em: sistemas de informação de apoio às operações e sistemas informação de apoio à gestão.

5.3. SISTEMAS DE INFORMAÇÕES CONTÁBIL

O sistema de informação contábil ou sistema de informação de controladoria é o meio que o *controller* utiliza para efetivar a contabilidade e a informação contábil dentro da organização, de modo que a informação contábil seja aproveitada ao máximo (PADOVEZE, 2009).

Na realidade, dentro de um contexto de controladoria, o papel dos sistemas de informações, mais precisamente o sistema de informação contábil, forma o que se chama de modelo de informação. Este tem como objetivo apoiar com a geração de informações o modelo de decisão, através do qual os gestores norteiam as suas decisões.

Citando o professor Edson Riccio, Padoveze (2002) aponta os objetivos de um sistema de informação contábil:

- prover informações monetárias e não monetárias, destinadas às atividades e às decisões dos níveis operacional, tático e estratégico da empresa, e também para os usuários externos à ela;
- constituir-se na peça fundamental do sistema de informação gerencial da empresa.

5.3.1. Recursos do sistema de informação contábil

Como os demais sistemas, o sistema de informação contábil (SIC) necessita de recursos para processamento.

O SIC processa dados e os transforma em informações contábeis úteis para o processo decisório de toda a organização, para todos os níveis decisórios (PADOVEZE, 2002).

A fim de converter dados em informações contábeis úteis, são necessários recursos humanos (contadores) com capacitação adequada, com para o enfoque sistêmico da contabilidade e visão contábil gerencial completa, de modo que possam atender às necessidades informacionais contábeis do sistema-empresa. Também é necessário um *software* de contabilidade que possibilite ao contador efetivar todo o potencial gerencial da informação contábil a ser gerada e utilizada (PADOVEZE, 2009).

Outros recursos como equipamentos de informática, de comunicação, energia, serviços de terceiros, espaço físico etc., são importantes para o adequado funcionamento e atendimento das perspectivas dos usuários, tanto internos como externos, em um sistema de informação contábil.

5.3.2. Saídas do sistema de informação contábil

As saídas do sistema de informação contábil são as informações necessárias para cumprir todos os seus objetivos e devem atender a empresa e a todos seus usuários (BIO, 2008; PADOVEZE, 2009).

As saídas do SIC em formato de informações contábeis podem se dar por qualquer meio de comunicação. Por exemplo (PADOVEZE, 2002):

- sob a forma de relatórios contábeis;
- sob a forma de análises contábeis;
- sob a forma de informação eletrônica integrada para usuários específicos, dentro e fora da empresa;
- sob a forma de informação eletrônica para qualquer usuário da empresa;
- sob a forma de interfaces contábeis com outros sistemas de informações dentro da empresa;
- sob a forma oral, como consultoria, assessoria, ou apresentação formal para os diversos níveis gerenciais da empresa;
- sob a forma oral ou de apresentação organizada para usuários externos à empresa (bolsa de valores, analistas de investimentos) ou grupos organizados diretamente interessados (sindicatos, comissão de empregados de participação nos lucros etc.);
- sob a forma de palestras e treinamentos para usuários internos e externos.

EXERCÍCIOS DE FIXAÇÃO

Questões extraídas de Laudon e Laudon – **Sistemas de informações gerenciais** (2007)

01. Um sistema do nível gerencial:

a) apoia as atividades de planejamento de longo prazo da gerência sênior.
b) apoia os trabalhadores de dados e de conhecimento em uma organização.

c) executa e registra as negociações rotineiras necessárias à condução do negócio.
d) é projetado para aumentar a produtividade de trabalhadores de dados.
e) apoia o monitoramento, o controle, a tomada de decisão e as atividades administrativas dos gerentes de nível médio.
f) ajuda os trabalhadores da informação na criação e na integração de novas informações à organização.

Gabarito: alternativa E

Comentário: a alternativa "a" é a definição de um sistema de nível gerencial. A alternativa "b" refere-se aos sistemas de mineração e de descoberta de dados. As alternativas "c" e "d" são similares, pois tratam de um sistema de processamento de transações. Na realidade, os sistemas de automação de escritório (SAE) são aplicativos de informática projetados para aumentar a produtividade dos trabalhadores de dados, dando suporte à coordenação e às atividades de comunicação de "um escritório típico". Os aplicativos dos escritórios são projetados com base na necessidade de manipulação e gerenciamento de documentos, aumentando, assim, a produtividade dos envolvidos com a atividade, por exemplo, a editoração eletrônica, arquivamento digital ou planilhas de cálculo, enquanto outros favorecem a qualidade e a agilidade das tarefas. Os sistemas de trabalho e de conhecimento exigem uma visão ampla das pessoas, pois além de saber usar os aplicativos dos escritórios, elas precisam saber utilizar os recursos que o aplicativo oferece para criar informações novas. Alternativa correta letra "e", pois o nível gerencial é conhecido como nível médio.

02. Um sistema do nível estratégico:
a) executa e registra as transações rotineiras diariamente necessárias para fazer negócios.
b) apoia o monitoramento, o controle, a tomada de decisão e as atividades administrativas dos gerentes de nível médio.

c) apoia as atividades de planejamento de longo prazo da gerência sênior.

d) apoia os trabalhadores de dados e do conhecimento de uma organização.

e) é projetado para aumentar a produtividade dos trabalhadores de dados.

f) ajuda os trabalhadores da informação na criação e na integração de novas informações na organização.

Gabarito: letra C

Comentário: a alternativa "b" é um sistema do nível gerencial. A alternativa "c" é a verdadeira. As alternativas "d" e "e" são similares, pois tratam de um sistema de processamento de transações. Na realidade, os sistemas de automação de escritório (SAE) são aplicativos de informática projetadas para aumentar a produtividade dos trabalhadores de dados, dando suporte à coordenação e às atividades de comunicação de "um escritório típico".

03. Um sistema de processamento de transações:

a) executa e registra as transações rotineiras diariamente necessárias para fazer negócios.

b) é projetado para aumentar a produtividade dos trabalhadores de dados.

c) apoia as atividades de planejamento de longo prazo da gerência sênior.

d) apoia os trabalhadores de dados e do conhecimento de uma organização.

e) ajuda os trabalhadores da informação na criação e na integração de novas informações na organização.

f) apoia o monitoramento, o controle, a tomada de decisão e as atividades administrativas dos gerentes de nível médio.

Gabarito: letra A

Capítulo 5 – Sistemas de informações gerenciais – SIG

Comentário: a alternativa "a" é a verdadeira. As alternativas "b" e "d" são similares e tratam de um sistema de processamento de transações. Na realidade, os sistemas de automação de escritório (SAE) são aplicativos de informática projetadas para aumentar a produtividade dos trabalhadores de dados. A alternativa "c" é um sistema do nível estratégico. A alternativa "f" é um sistema do nível gerencial.

04. Um sistema de apoio à decisão:

a) combina dados e sofisticados modelos de análise ou ferramentas de análise de dados para apoiar determinações semiestruturadas e não estruturadas.

b) acompanha os ativos monetários do fluxo de caixa da empresa.

c) identifica clientes para os produtos e serviços da empresa, desenvolve produtos para atender às necessidades dos clientes, promove e vende os produtos e fornece apoio ao cliente.

d) planeja, desenvolve e produz os bens ou serviços da empresa e controla o fluxo de produção.

e) permite a tomada de decisões não estruturadas por meio de ferramentas avançadas de imagem e de comunicação.

f) mantém registros sobre os funcionários, acompanha as habilidades o desempenho nas funções e o treinamento dos funcionários e apoia o planejamento de carreira e remuneração dos funcionários.

Gabarito: letra A

Comentário: os sistemas de apoio à decisão (*decision support system*, ou DSS) são uma das principais categorias de sistema de apoio gerencial. São sistemas de informação computadorizados que fornecem aos gerentes apoio interativo de informações durante o processo de tomada de decisão. Os sistemas de apoio à decisão utilizam modelos analíticos, bancos de dados especializados, os próprios *insights* e as apreciações do tomador da decisão e um processo de modelagem computadorizado para apoiar a tomada de decisões semiestruturadas e não estruturadas por parte de cada gerente.

05. Um sistema de apoio ao executivo:

a) planeja, desenvolve e produz os bens ou serviços da empresa e controla o fluxo de produção.

b) identifica clientes para os produtos e serviços da empresa, desenvolve produtos para atender às necessidades dos clientes, promove e vende os produtos e fornece apoio ao cliente.

c) mantém registros sobre os funcionários, acompanha as habilidades o desempenho nas funções e o treinamento dos funcionários e apoia o planejamento de carreira e remuneração dos funcionários.

d) combina dados e sofisticados modelos de análise ou ferramentas de análise de dados para apoiar determinações semiestruturadas e não estruturadas.

e) acompanha os ativos monetários do fluxo de caixa da empresa.

f) permite a tomada de decisões não estruturadas por meio de ferramentas avançadas de imagem e de comunicação.

Gabarito: letra F

Comentário: a alternativa "a" trata de um sistema de planejamento e controle de produção. A alternativa "b" trata de um sistema de apoio à área de marketing. A alternativa "c" trata de um sistema de informação de recursos humanos. A alternativa "d" refere-se a sistemas de apoio à decisão. A alternativa "e" são sistemas de informações financeira e contábil. A alternativa "f" é a verdadeira, pois trata sobre um sistema de apoio ao executivo.

06. Um sistema de informação financeira e contábil:

a) permite a tomada de decisões não estruturadas por meio de ferramentas avançadas de imagem e comunicação.

b) combina dados e sofisticados modelos de análise ou ferramentas de análise de dados para apoiar determinações semiestruturadas e não estruturadas.

c) planeja, desenvolve e produz os bens ou serviços da empresa e controla o fluxo de produção.

d) mantém registros sobre os funcionários, acompanha as habilidades o desempenho nas funções e o treinamento dos funcionários e apoia o planejamento de carreira e remuneração dos funcionários.
e) acompanha os ativos monetários o fluxo de caixa da empresa.
f) identifica clientes para os produtos e serviços da empresa, desenvolve produtos para atender às necessidades dos clientes, promove e vende os produtos e fornece apoio ao cliente.

Gabarito: letra E

Comentário: de acordo com O'Brien (2001), os sistemas de informação financeira e contábil são os mais antigos utilizados nos negócios. Eles registram e relatam transações comerciais e outros eventos econômicos e são importantes para o processamento de transações e relatórios financeiros. A única alternativa que preenche essas características é a letra E.

07. Uma razão por que os sistemas empresariais são difíceis de construir é que eles:

a) não fornecem *feedback* suficiente para garantir o sucesso.
b) são em geral bloqueados pela gerência sênior.
c) exigem mudanças fundamentais na maneira como as empresas operam.
d) não são a melhor maneira de fazer negócios no ambiente de 'tijolos e cimento'.
e) requer uma força de trabalho extremamente sofisticada.
f) são muito caros.

Gabarito: letra C

Comentário: a questão trata da a customização dos sistemas empresariais. A alternativa "a" está errada, pois esses sistemas possuem um retorno (*feedback*) adequado. A alternativa "b" está errada porque todos os níveis acessam os sistemas empresariais nas interfaces e perfil de cada usuário e de acordo com o seu nível organizacional. A alternativa "c" é verdadeira, pois a implantação de um sistema de gestão empresarial exige um mapeamento e racionalização dos processos. Se não for feito, apenas automatizará procedimentos ineficientes. A alternativa "d" está errada, pois os sistemas de informações atualmente são imprescindíveis a qualquer tipo de negócio. A alternativa "e" está errada porque em determinadas funções a exigência não é de recursos humanos extremamente capacitados. Na alternativa "f" o custo desses sistemas condiz com a proporção da empresas e dos processos envolvidos.

08. Cespe/UnB – ACP/SAD/PB (2008) – Um analista de planejamento foi encarregado de avaliar determinada gerência de tecnologia da informação (TI) de uma secretaria de estado, pois o gerente não consegue acompanhar e orientar efetivamente o grande número de subordinados vinculados a ele. O analista foi questionado pelo gerente sobre a possibilidade de haver maior repasse das atribuições dessa gerência de TI para outros departamentos subordinados e vinculados a essa secretaria.

A partir dessa situação hipotética, assinale a opção correta acerca da organização e suas dimensões estruturais e dinâmicas.

a) Com relação à amplitude de controle, as interações existentes entre essa gerência e seus colaboradores têm a mesma importância.

b) Outra gerência do mesmo nível nessa secretaria terá a mesma amplitude de controle.

c) Haverá descentralização, se as atribuições dessa secretaria forem repassadas permanentemente para outros órgãos subordinados.

d) Caso esse gerente de TI seja promovido para diretor, ele terá, necessariamente, o mesmo nível de amplitude de controle.

e) A autoridade está restrita ao poder formal que o gerente possui.

Gabarito: letra C

Comentário: a questão sugere que o gerente de TI não percebe a mesma importância em todas as atividades, por isso deseja delegar a outras áreas, assim a alternativa "a" está errada. A alternativa "b" está errada porque cada gerência terá a sua amplitude de controle. A alternativa "d" menciona que o gerente terá o mesmo nível de amplitude de controle. Não necessariamente pode ter maior amplitude. Também pode ser que essas outras atividades estejam subordinadas a outra direção. Enfim, a alternativa está errada. A alternativa "e" diz que a autoridade é vinculada ao poder formal, isso não é verdadeiro, pois poder real e poder formal são diferentes. O último é encarado como o direito a decidir, enquanto o primeiro corresponde ao controle efetivo das decisões. Às vezes a pessoa possui autoridade porque detém o poder real. A alternativa "c" fala do conceito de descentralização, que é o repasse de atribuições para outras áreas.

09. Cespe/UnB – ACP/SAD/PB (2008) – Os sistemas de tecnologia da informação apresentam benefícios e riscos em comparação com sistemas manuais. Em um ambiente computadorizado, os controles internos têm de levar em conta esses riscos, entre os quais, menciona-se:

a) os arquivos e os registros que se encontram em linguagem que não permite a leitura em computador.

b) a diminuição do envolvimento humano, facilitando o obscurecimento de erros.

c) as diversas funções que estão dispersas, sem uma visão integrada e coesa.

d) as alterações que são implementadas com muita facilidade, com perda de registro e memória.

e) a coerência que é menor em razão de as transações estarem submetidas a controles distintos, heterogêneos.

Gabarito: letra B

Comentário: a alternativa "a" está errada, pois a linguagem computacional deve ser lida por sistemas informatizados. A alternativa "b" está correta porque, com a redução da interferência humana, há obscurecimento e diminuição das probabilidades a erros. A Alternativa "c" está errada, pois os sistemas proveem uma integração e unidade das informações. A alternativa "d" está errada, porque as alterações são implementadas mais rapidamente, mas há o acompanhamento do histórico. A alternativa "e" é eliminada, pois os controles são uniformes e homogêneos para todas as transações.

10. Cespe/UnB – ACP/SAD/PB (2008) – Considerando que o objetivo principal de uma informação é influenciar decisões e que informação é um tratamento especial que se dá a um dado ou a um conjunto de dados à disposição do respectivo usuário, assinale a opção correta.

a) A capacidade de a informação reduzir incertezas está associada com a oportunidade de sua distribuição e, portanto, com uma relação benefício/custo maior do que um.

b) Em razão da multiplicidade e diversidade de usuários das informações de uma entidade, cada interessado deverá buscar a apreensão do conteúdo e da forma da mensagem.

c) Os dados coletados de fontes internas são sempre mais confiáveis que os obtidos de fontes externas.

d) Os dados disponíveis não devem passar por processos de filtragem, para permitir ao usuário da informação que faça as suas próprias escolhas.

e) As informações geradas no âmbito da entidade devem ser disponibilizadas indistintamente a todos os níveis e setores, de acordo com o princípio de que é ao usuário que cabe a seleção das informações que lhe possam interessar.

Gabarito: letra A

Comentário: inicialmente, expõe-se que da análise dos dados extraímos a informação. Logo, informação é quando aquele dado ganha significado. A alternativa "b" está errada, uma vez que a informação deve ser clara e correta a todos os usuários, independentemente da área e nível. A informação deve estar disponível para quem precisa dela, e não ser preciso que providenciar por sua conta e risco a erros. A alternativa "c" vincula a confiabilidade dos dados ao ambiente interno, o que também está errado, pois precisamos coletar dados que só teremos no ambiente externo, e, dependendo dos instrumentos de coleta, ela será tão confiável quanto o dado interno da organização. A alternativa "d" faz menção que as bases de dados não devem ser "limpas" antes da análise de dados. É usual após a coleta pois, analisar a base de dados a fim de verificar se não houve erros. Devem passar por uma filtragem. Por isso, a alternativa errada. A alternativa "e" não separa informações que são estratégicas das operacionais. Dentro das organizações, há informações sigilosas e estratégicas que devem ser disponibilizadas com cuidado. Então, a alternativa está errada. A alternativa "a" trata do benefício/custo da informação que deve ser maior que um, ou seja, o benefício gerado pela informação é maior que o custo da sua obtenção.

11. Cespe/UnB – ACP/SAD/PB (2008) – A comunicação, por ser a troca de informações entre os indivíduos, é uma atividade administrativa que visa tornar comum uma mensagem ou informação. Com relação à comunicação em uma entidade, é correto afirmar que:

a) o fluxo ascendente – dos subordinados aos dirigentes – é menos confiável que o descendente – dos dirigentes aos subordinados.

b) o entendimento sobre a forma de realização das tarefas deve ser necessariamente diferente entre chefias e servidores.

c) as informações que visam à compreensão das tarefas a realizar são independentes e incompatíveis com o grau de motivação que se possa transmitir aos responsáveis pela execução dessas tarefas.

d) as tarefas serão executadas com mais eficiência sempre que os padrões de desempenho forem estabelecidos segundo um entendimento comum entre chefias e subordinados.

e) os subordinados só devem receber informações dos superiores por iniciativa própria, à medida que as julgarem necessárias.

Gabarito: **letra D**

Comentário: a alternativa "a" vincula o fluxo à confiabilidade da informação. Isso não é verdadeiro, pois a boa comunicação pode se dar também de forma ascendente. A alternativa "b" também é errônea, porque os gestores devem explicitar o que desejam e como desejam a realização das tarefas para que não haja ruído na comunicação. A alternativa "c" suscita que no momento de repassar instruções de trabalho não pode haver motivação da equipe, o que é também um engano. A alternativa "e" faz menção a um único sentido da comunicação. Isso também é um erro que pode vir a gerar ruídos na comunicação entre gestores e colaboradores. Por último, a alternativa "d" é a única que se refere à comunicação do que se deseja e o que será cobrado dos subordinados, então alternativa correta.

Referências

ALMEIDA, Lauro Brito de; PARISI, Claudio; PEREIRA, Carlos Alberto. *Controladoria*. In: Controladoria: uma abordagem da gestão econômica – GECON. CATELLI, Armando (coord.). 2. ed. São Paulo: Atlas, 2001.

ALVES, Vinícius de Oliveira. *O impacto da cultura organizacional no processo de inteligência competitiva*: um estudo de caso numa empresa do setor de energia. Dissertação de mestrado – Universidade Federal do Rio de Janeiro, Rio de Janeiro, 2006.

ANTHONY, Robert N.; GOVINDARAJAN, Vijay. *Sistemas de controle gerencial*. Tradução da 12. ed. americana. São Paulo: McGraw-Hill, 2008.

ANTHONY, Robert; GOVINDARAJAN, Vijay. *Sistemas de controle gerencial*. Tradução de Adalberto Ferreira das Neves. São Paulo: Atlas, 2001.

ASSAF NETO, Alexandre. *Estrutura e análise de balanços*: um enfoque econômico-financeiro. São Paulo: Atlas, 2006. 371 p.

BALDASSO, Angela Maria. *Proposição de melhorias ao modelo de planejamento tático implementado na supervarejo RS do Banco do Brasil*. Monografia de conclusão de curso de especialização em gestão de negócios financeiros. Porto Alegre: UFRGS, 2007. Disponível em http://hdl.handle.net/10183/13886. Acesso em 20 ago. 2011.

BARNEY, J. *Organizational culture*: Can it be a sour ce of sustained competitive advantage? Academy of Management Review, v. 11, n. 3, p. 656-665, 1986.

BEUREN, Ilse Maria. *Gerenciamento da informação*: um recurso estratégico no processo de gestão empresarial. 2. ed. São Paulo: Atlas, 2009.

_____. *O papel da controladoria no processo de gestão*. In: Controladoria: agregando valor para a empresa. SCHMIDT, PAULO. (Org.). Porto Alegre: Bookman, 2002.

BERTALANFFY, Ludwig von. *Teoria geral dos sistemas*. Tradução de Francisco M. Guimarães. 3. ed. Petrópolis: Vozes, 1977.

BIO, Sérgio Rodrigues. *Sistemas de informação*: um enfoque gerencial. Colaboração Edgard Bruno Cornachione Jr. 2. ed. São Paulo: Atlas, 2008.

BORINELLI, Márcio Luiz. *Estrutura conceitual básica de Controladoria*: sistematização à luz da teoria e da práxis. Tese de doutorado. São Paulo: Universidade de São Paulo, 2006.

CALAZANS, Pedro de Marchi. *Plano estratégico para internacionalização da empresa Uniagro*. Trabalho de conclusão de curso de graduação em ciências administrativas. Porto Alegre: UFRGS, 2007.

CATELLI, Armando; PEREIRA, Carlos Alberto; VASCONCELOS, Marco Tullio de Castro. *Processo de gestão e sistemas de informações gerenciais*. In: Controladoria: uma abordagem da gestão econômica – GECON. CATELLI, Armando (coord.). 2. ed. São Paulo: Atlas, 2001.

COSTA, Ana Paula Paulino da. *Contabilidade gerencial*: um estudo sobre a contribuição do *balanced scorecard*. Dissertação de mestrado – FEA. São Paulo: USP, 2001.

CROZATTI, Jaime. *Planejamento estratégico e controladoria*: um modelo para potencializar a contribuição das áreas da organização. Revista ConTexto, Porto Alegre, v. 3, n. 5, 2º semestre 2003.

DAMODARAN, Aswath. *Finanças Corporativas*: teoria e prática. Trad. Jorge Ritter. 2. ed. – Porto Alegre: Bookman, 2004.

DIETSCHI, Daniel Augusto. *Um estudo sobre a aderência do balanced scorecard às empresas de capital aberto e fechado*. Dissertação de mestrado. Universidade do Vale do Rio dos Sinos. São Leopoldo: 2006.

EHRBAR, Al. *EVA*: valor econômico agregado-a verdadeira chave para criação de riqueza. Tradução de Bazán tecnologia e lingüística. Rio de Janeiro: Qualitymark, 1999. 183 p.

FIGUEIREDO, Sandra; CAGGIANO, Paulo César. *Controladoria*: teoria e prática. 2. ed. São Paulo: Atlas, 1997.

_____. *Controladoria*: teoria e prática. 4. ed. São Paulo: Atlas, 2008.

FLEURY, M. T. L., FISCHER R. M. *Cultura e poder nas organizações*. São Paulo: Atlas, 1992.

FREITAS, M. E. *Cultura organizacional*: formação, tipologia e impacto. São Paulo: Makron Books, 1991.

FREZATTI, Fábio; GUERREIRO, Reinaldo; AGUIAR, Andson Braga de; GOUVÊA, Maria Aparecida. *Análise do relacionamento entre a contabilidade gerencial e o processo de planejamento das organizações brasileiras*. Revista de Administração Contemporânea, v.11, Curitiba, 2007. Disponível em http://dx.doi.org/10.1590/S1415-65552007000600003. Acesso em 20 de ago. de 2011.

GITMAN, Lawrence J. *Princípios de administração financeira*. 12. ed. São Paulo: Pearson Prentice Hall, 2010.

GUERREIRO, Reinaldo. *Modelo conceitual de sistema de informação de gestão econômica*: uma contribuição à teoria da comunicação da contabilidade. São Paulo: FEA/USP, 1989. Tese de doutorado, Faculdade de Economia, Administração e Contabilidade, Universidade de São Paulo, 1989.

HORNGREN, Charles T.; SUNDEM, Gary L.; STRATTON, William O. *Contabilidade gerencial*. São Paulo: Pearson Prentice Hall, 2008.

IUDÍCIBUS, Sérgio de. *Análise de balanços*. 7. ed. São Paulo: Atlas, 1998a.

IUDÍCIBUS, Sérgio de. *Contabilidade gerencial*. 6. ed. São Paulo: Atlas, 1998b.

KAPLAN, Robert S.; NORTON, David. *Mapas estratégicos*: balanced scorecard – convertendo ativos intangíveis em resultados tangíveis. Rio de Janeiro: Elsevier, 2004.

KAPLAN, Robert; NORTON, David. *Balanced scorecard – a estratégia em ação*. São Paulo: Campus, 1997.

LAUDON, Kenneth C.; LAUDON, Jane P. *Sistemas de informações gerenciais*. 7. ed. São Paulo: Pearson Prentice Hall, 2007.

MAGALHÃES, Antonio de Deus F.; LUNKES, Irtes Cristina. *Sistemas contábeis*: o valor informacional da contabilidade nas organizações. São Paulo: Atlas, 2000.

MEDEIROS, Leticia da Silva. *A influência da Lei Sarbanes-Oxley e do Código Civil brasileiros nos controles internos de empresas localizadas no Brasil*. Dissertação de mestrado. Universidade do Vale do Rio dos Sinos. São Leopoldo, 2007

MIRANDA, Luiz Carlos; LIBONATI, Jeronymo José. *Planejamento operacional*. In: Controladoria: agregando valor para a empresa. SCHMIDT, P. (Org.). Porto Alegre: Bookman, 2002.

MORITZ, Gilberto de Oliveira; PEREIRA, Maurício Fernandes. *Processo decisório*. Florianópolis: SEAD / UFSC, 2006.

MOSIMANN, Clara Pellegrinello; FISCH, Silvio. *Controladoria*: seu papel na administração das empresas. 2. ed. São Paulo: Atlas, 1999.

MÜLLER, Cláudio José. Modelo de gestão integrando planejamento estratégico, sistemas de avaliação de desempenho e gerenciamento de processos (MEIO – *Modelo de Estratégia, Indicadores e Operações*). 2003. 292 p. Tese de doutorado) – Programa de pós-graduação em engenharia da produção. UFRGS, Porto Alegre.

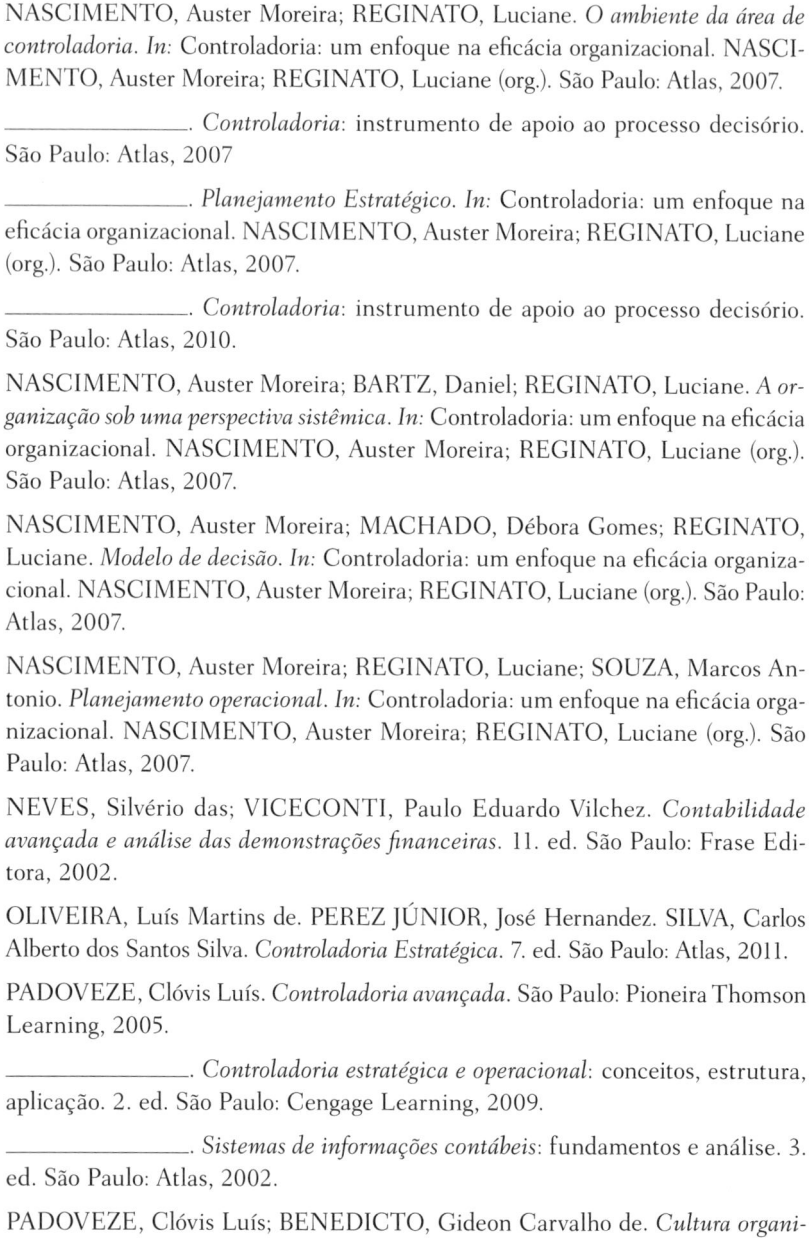

NASCIMENTO, Auster Moreira; REGINATO, Luciane. *O ambiente da área de controladoria*. In: Controladoria: um enfoque na eficácia organizacional. NASCIMENTO, Auster Moreira; REGINATO, Luciane (org.). São Paulo: Atlas, 2007.

_____. *Controladoria*: instrumento de apoio ao processo decisório. São Paulo: Atlas, 2007

_____. *Planejamento Estratégico*. In: Controladoria: um enfoque na eficácia organizacional. NASCIMENTO, Auster Moreira; REGINATO, Luciane (org.). São Paulo: Atlas, 2007.

_____. *Controladoria*: instrumento de apoio ao processo decisório. São Paulo: Atlas, 2010.

NASCIMENTO, Auster Moreira; BARTZ, Daniel; REGINATO, Luciane. *A organização sob uma perspectiva sistêmica*. In: Controladoria: um enfoque na eficácia organizacional. NASCIMENTO, Auster Moreira; REGINATO, Luciane (org.). São Paulo: Atlas, 2007.

NASCIMENTO, Auster Moreira; MACHADO, Débora Gomes; REGINATO, Luciane. *Modelo de decisão*. In: Controladoria: um enfoque na eficácia organizacional. NASCIMENTO, Auster Moreira; REGINATO, Luciane (org.). São Paulo: Atlas, 2007.

NASCIMENTO, Auster Moreira; REGINATO, Luciane; SOUZA, Marcos Antonio. *Planejamento operacional*. In: Controladoria: um enfoque na eficácia organizacional. NASCIMENTO, Auster Moreira; REGINATO, Luciane (org.). São Paulo: Atlas, 2007.

NEVES, Silvério das; VICECONTI, Paulo Eduardo Vilchez. *Contabilidade avançada e análise das demonstrações financeiras*. 11. ed. São Paulo: Frase Editora, 2002.

OLIVEIRA, Luís Martins de. PEREZ JÚNIOR, José Hernandez. SILVA, Carlos Alberto dos Santos Silva. *Controladoria Estratégica*. 7. ed. São Paulo: Atlas, 2011.

PADOVEZE, Clóvis Luís. *Controladoria avançada*. São Paulo: Pioneira Thomson Learning, 2005.

_____. *Controladoria estratégica e operacional*: conceitos, estrutura, aplicação. 2. ed. São Paulo: Cengage Learning, 2009.

_____. *Sistemas de informações contábeis*: fundamentos e análise. 3. ed. São Paulo: Atlas, 2002.

PADOVEZE, Clóvis Luís; BENEDICTO, Gideon Carvalho de. *Cultura organizacional*: análise e impactos dos instrumentos no processo de gestão. Anais do XXVII Encontro nacional dos programas de pós-graduação em administração. ENANPAD, Atibaia/SP, 2003.

PARISI, Claudio; NOBRE, Waldir de Jesus. *Eventos, gestão e modelos de decisão.* In: Controladoria: uma abordagem da gestão econômica – GECON. CATELLI, Armando (coord.). 2. ed. São Paulo: Atlas, 2001.

PEREIRA, Carlos Alberto. *Ambiente, empresa, gestão e eficácia.* In: Controladoria: uma abordagem da gestão econômica – GECON. CATELLI, Armando (coord.). 2. ed. São Paulo: Atlas, 2001.

ROBBINS, S. P. *Comportamento organizacional.* Prentice Hall – São Paulo, 9. ed. 2002.

ROCKART, John F. *Chief executives define their own data needs.* Harvard Business Review, March-april, 1979.

SANTOS, Roberto Vatan dos. *Controladoria*: uma introdução ao sistema de gestão econômica – GECON. São Paulo: Saraiva, 2005.

SANTOS, José Odálio dos; WATANABE, Roberto. *Uma análise da correlação entre o EVA® e o MVA® no contexto das empresas brasileiras de capital aberto.* Caderno de pesquisas em administração. São Paulo, v. 12, n. 1, p. 19-32, jan./mar. 2005.

SCHEIN, E. H. *Cultura organizacional e liderança.* Jossey-Bass Inc. Publishers – San Francisco, CA, 1985.

SCHMIDT, Paulo; SANTOS, José Luiz dos Santos. *Fundamentos da Controladoria.* Coleção Resumos de Contabilidade. São Paulo: Atlas, 2006.

SCHMIDT, Paulo; SANTOS, José Luiz dos; MARTINS, Marco Antonio. *Avaliação de empresas*: foco na análise de desempenho para o usuário interno. São Paulo: Atlas, 2006. 169 p.

SENGE, Peter. *A quinta disciplina.* Rio de Janeiro: Best Seller, 1998.

TOMEI, P. A., BRAUNSTEIN, M. L. *Cultura organizacional e privatização*: a dimensão humana. Makron Books. São Paulo, 1994.

TUNG, Nguyen H. *Controladoria financeira das empresas*: uma abordagem prática. 4. ed. São Paulo: Editora da Universidade de São Paulo, 1974.

WERNKE, Rodney, LUNKES, Rogério J., BORNIA, Antônio Cézar. *Balanced scorecard*: considerações acerca das dificuldades na implementação e das críticas ao modelo. Anais do IX Congresso Brasileiro de Custos. São Paulo, 2002.

GRÁFICA PAYM
Tel. (011) 4392-3344
paym@terra.com.br